2024年第3辑 · 总第11辑

公益诉讼检察工作指导

最高人民检察院公益诉讼检察厅/编

中国检察出版社

图书在版编目（CIP）数据

公益诉讼检察工作指导 . 2024 年 . 第 3 辑 / 最高人民检察院公益诉讼检察厅编 . -- 北京 : 中国检察出版社，2024. 12. -- ISBN 978-7-5102-3159-9

Ⅰ . D925.04

中国国家版本馆 CIP 数据核字第 2024AJ8725 号

公益诉讼检察工作指导（2024 年第 3 辑）

最高人民检察院公益诉讼检察厅 编

责任编辑：王　欢

技术编辑：王英英

美术编辑：徐嘉武

出版发行：中国检察出版社

社　　址：北京市石景山区香山南路 109 号（100144）

网　　址：中国检察出版社（www. zgjccbs. com）

编辑电话：（010）86423780

发行电话：（010）86423726　86423727　86423728

（010）86423730　86423732

经　　销：新华书店

印　　刷：北京联兴盛业印刷股份有限公司

开　　本：710 mm × 960 mm　16 开

印　　张：13.25

字　　数：167 千字

版　　次：2024 年 12 月第一版　　2024 年 12 月第一次印刷

书　　号：ISBN 978 - 7 - 5102 - 3159 - 9

定　　价：60.00 元

《公益诉讼检察工作指导》
编 委 会

《公益诉讼检察工作指导》
通讯编辑

目 录

高层声音

领导讲话

本期聚焦——检察机关服务国家公园建设研讨会

案例解读

工作研究

调研报告

高层声音

GAOCENG SHENGYIN

在检察机关服务国家公园建设研讨会上的致辞

（2024 年 6 月 28 日）

张雪樵[*]

6 月 18 日，习近平总书记视察青海，对青海作为三江源的“中华水塔”的生态保护再次作出重要指示。我们应青海省人民检察院之邀，到西宁召开检察机关服务国家公园建设研讨会，这是我们学习习近平生态文明思想、习近平法治思想和习近平总书记重要讲话精神的很好机会。习近平总书记在青海考察时强调，保护好青海生态环境，是“国之大者”。要在推进青藏高原生态保护和高质量发展上，在推进自然生态保护、建设美丽中国上取得更大进展。我们要深入学习领悟，以此为契机总结各地检察机关服务国家公园建设的好经验、好做法，就服务国家公园建设方面存在的问题、困难和挑战深入研讨，推动公益诉讼高质效办案。

国家公园是我国自然生态系统最重要、自然景观最独特、自然遗产最精华、生物多样性最富集的部分，是中华大地的瑰宝。2021 年 10 月 12 日，习近平总书记在联合国《生物多样性公约》第十五次会议上代表中国政府宣布正式设立首批 5 个国家公园，开启了以国家公园为主体的自然保护地体系新篇章。

按照党中央部署，2035 年将基本建成全世界最大的国家公园体系，但受土地权属、气候变化、社区治理等因素影响和制约，国家公园建设面临着诸多挑战。如何贯彻落实习近平总书记重要指示和党中央决

* 张雪樵，最高人民检察院副检察长、检察委员会委员，二级大检察官。

策部署，更加积极主动服务国家公园建设，是摆在我们面前的一项重大课题。在此我讲三点意见。

一是提高政治站位。要坚持以习近平生态文明思想、习近平法治思想为遵循，始终把生态环境和自然资源保护摆在突出位置，正确处理高水平保护与高质量发展的关系，助推国家公园高质量建设和高水平保护，助力人与自然和谐共生的现代化建设，为子孙后代留下绿水青山的美好家园，为强国建设、民族复兴作出新的更大贡献。

二是坚持高质效办案要求。公益诉讼检察在前十年的快速发展，是因为坚持问题导向，在解决问题的过程中勇往直前并不断发展的。从无案源、找线索到消灭空白院，从办案“回头看”到规范办案标准，从办类案到办大案，从破解老大难、“硬骨头”案件到高质效办案，从指定司法解释到推动专门立法，都是在坚持辩证思维：找准公益诉讼的位置——督促之诉、协同之诉，非博弈之诉、追责之诉；战略思维——在审前实现公益保护是最佳状态；创新思维——大兵团作战方式，志愿者平台；系统思维——“四大检察”格局。去年开始高质效办案运动，今天已基本明确了高质效办案标准，摆脱了“检察建议+立即整改”的初级阶段，但还没有翻过“不会、不敢、不精”三座大山。在对国家公园园区生态环境的公益司法保护中，要坚持高质效办案标准，助力破解“硬骨头”案件。

三是坚持系统思维。服务国家公园建设是一项系统工程，要积极探索与国家公园管理体制相适应的检察机关法律监督工作机制，推动形成协调联动的整体工作格局。要善于抓主要矛盾，集中力量办精案。要加强检察机关内部协作，强化在一体化办案、线索移送、数据共享、情况通报和技术力量共享等方面的日常协作、工作衔接，凝聚检察机关服务国家公园建设内部协作合力。要与国家公园管理、林草、生态环境等行政主管部门加强协同配合，搭建沟通平台，督促行政机关严格履行自然保护地管理、自然资源管理、国土空间用途管制、生态保护、特许经营等职责，加强检察公益诉讼与行政执法衔接，推动落实信息资源共享、案件线索移送、配合调查取证等工作机制，推进国家公园园区生态环境协同保护、综合治理。加强与相关科研院所、专家学者的沟通合作，充分发挥高校、科研机构的专家志愿者作用，运用大数据模型等，提升办案精准性。

山积而高，泽积而长，加强国家公园建设需要多方协同努力。我们要以此次研讨会为契机，从习近平生态文明思想中汲取检察智慧，从服务国家公园建设的检察实践中提炼制度成果，为构建完善与国家公园管理体制相适应的检察权运行机制，推动检察公益诉讼专门立法发挥积极作用，共同守护国家公园这块自然生态的瑰宝，缔造人与自然和谐共生的典范。

领导讲话

LINGDAO JIANGHUA

在 2024 年上半年公益诉讼检察数据分析研判视频会议上的讲话

（2024 年 7 月 23 日）

徐向春 *

今天我们召开 2024 年上半年公益诉讼检察数据分析研判视频会，主要任务是深入贯彻落实年初全国检察长会议精神，以及应勇检察长关于公益诉讼高质效办案的相关重要指示和工作要求，为充分发挥公益诉讼检察职能作用，贯彻落实好党的二十届三中全会精神，更好服务中国式现代化夯实基础；为后续落实好即将召开的大检察官研讨班会议精神做好准备。下面，围绕上半年数据情况、办案中存在的主要问题及下半年相关工作考虑，讲三点意见。

一、保持必要的办案规模，力争各领域全面协调健康发展

2024 年 1 至 6 月，全国公益诉讼检察部门共立案 86074 件，同比去年下降 22.3%。与第一季度办案数量同比下降 42.4% 相比，降幅收窄 20.1 个百分点，体现了各地准确把握 3 月份视频工作推进会精神，加大办案力度成效凸显。在加快推进专门立法的关键时期，大家要在坚持质效优先导向的基础上，准确理解、正确把握应勇检察长关于公益诉讼检察办案数量不宜大起大落的指示精神。从上半年数据情况看，办案规模和质量总体呈现稳中向好发展态势。但需要注意的是，仍有部分省份办案数量较去年同期下降幅度较大，希望引起重视。在“四

---

* 徐向春，最高人民检察院公益诉讼检察厅厅长、一级高级检察官。

大检察”中，公益诉讼检察是主动履职的工作，数量下降过大某种程度上体现出工作状态不佳、履职主动性不够。有的地方对于高质效办案的理解不够全面，仍未能正确认识基本价值追求的要义在于让“每一个”案件都办成高质效；有的地方则认为只要办理3件有代表性高质效案件就完成了办案任务。有的省级院在对下指导时，对办案工作没有系统性谋划部署，仅仅关注有代表性案件任务完成情况等。下一步，各地要继续正确处理好“有数量的质量”与“有质量的数量”的辩证关系，保持各领域办案全面协调健康发展。

（一）牢牢把稳四大传统法定领域“基本盘”

2024年1至6月，四大传统法定领域、新增法定领域及其他新领域分别立案51704件、23028件、11428件，占比为60∶27∶13。四大传统法定领域仍是整体办案工作的“压舱石”。其中，生态环境和资源保护领域立案33960件，占立案总数的39.4%。相比于2023年的占比44.2%，有所下降。我们认为，生态环境和资源保护领域一直以来都是公益诉讼中案件量最大、实践最为成熟的领域，对于落实党中央全面推进美丽中国建设决策部署、为检察公益诉讼立法提供有益实践样本等均具有重要意义。办案规模不宜下降过快，要持续深耕细作，不断挖掘生态环境和资源保护各细分领域的新动能，如深挖大气、林草、湿地、绿色低碳发展、光污染、噪声污染等领域案件的增量空间。近期，厅里还将下发珠江流域水环境治理专案中采矿和尾矿库污染、城乡水污染、农业养殖污染、船舶污染等七大重点领域的办案指引，非珠江流域地区也可参照使用。需要强调的是，各地应在生态、资源、环境“三位一体”价值体系下深化该领域高质效履职。不仅在传统环境污染案件上下功夫，还要关注新领域、新业态对自然资源的消耗和对生态环境的负担等，研究通过预防性公益诉讼守护生态安全等相关新问题。

食品药品安全领域上半年共立案13852件，占办案总数的16.1%。

食品药品安全领域关系人民群众“舌尖上的安全”，社会关切最为强烈。根据“检护民生”专项行动的部署要求，各地要对照厅里下发的各细分领域工作提示，紧盯人民群众“急难愁盼”，继续在预制菜、社区团购、网络营销、直播带货等新业态涉食品安全问题，以及过度医疗、麻醉精神药品滥用、互联网诊疗公益损害等涉药品和医疗重点问题方面加大办案力度。近期，新京报《罐车运输乱象调查》报道曝光化工用油和食用油运输混装的食品安全问题，厅里已迅速制发了集中办理一批涉食品贮存、运输和装卸环节危害食品安全案件的工作提示。各地要进一步增强针对群众关切作出快速反应的办案敏感性，善于找准履职切入点，持续推动食品药品安全领域办案提质增效。

（二）持续做优做实新增法定领域和新领域

7 月 1 日至 3 日，应勇检察长在贵州调研时再次强调，要持续抓好法定领域办案，做优做实新领域办案，切实维护国家利益和社会公共利益。2024 年 1 至 6 月，全国公益诉讼检察部门扎实落实应勇检察长关于新增法定领域办案的指示要求，共办案 22709 件，占办案总数的 26.4%，较去年同期占比增加 4.1 个百分点。2024 年第二季度新增法定领域办案数，较第一季度环比上升 61.5%，保持了强劲增长态势。其中，安全生产领域上半年办案量稳中有升，共立案 9849 件，占立案总数的 11.4%，与去年同期相比增加 1.7 个百分点；二季度立案 5627 件，一季度立案 4222 件，环比上升 33.3%。但是，安全生产事故仍高发多发，有影响的案件也不多。下半年，公益诉讼检察厅将围绕旧小区电梯安全、高层楼房消防安全等群众身边的安全问题召开小范围片会、现场会，鼓励各地办理一批这样的案件。另外，年初与国铁集团联合下发了对铁路沿线安全隐患进行整治的通知，并召开了视频部署会。各地要联合铁路部门办理一批高质效的危害铁路安全的案件，实实在在地为铁路安全履行好公益诉讼职能。这个领域的工作，要充分调动铁检院的工作积极性，他们对铁路情况熟悉，有这方面的工作经验。无障碍环境建设领域和妇女权益保障领域总体发展态势良好。上半年无障碍环境建设领域共立案2197件，同比大幅增长166.6%。妇女权益保障领域共立案957件，与一季度同比下降35.6%相比，降幅收窄33.5个百分点。各地要继续聚焦无障碍环境建设法在无障碍设施建设、无障碍信息交流、无障碍社会服务方面的要求，重点对残疾人相对集中场所、场景的无障碍改造进行监督。持续加强对就业歧视、女职工特殊权益的监督保障等。反电信网络诈骗领域办案量稳步增长，上半年共立案111件（去年同期36件）。由于反电信网络诈骗领域主要监督反诈犯罪的上游源头治理，监督对象一般是省级通信管理局或者市级金融机构，基层院往往没有管辖权，因此各地要持续加强研究，积极参与反诈法执法检查，加强案件线索摸排力度。个人信息保护领域办案数量降幅收窄，环比呈显著上升趋势。上半年共立案2614件，较一季度同比下降55.2%，降幅收窄21.1个百分点；其中二季度立案1681件，一季度立案933件，环比上升80.2%。各地在办案中要扭住个人信息保护的“牛鼻子”——源头治理，紧盯各场景中个人信息采集和处置环节的问题，特别是敏感个人信息的采集必要性和存储管理安全、经营者违规获取公民个人信息、老年人、孕产妇等特定群体个人信息保护等。不仅要关注个案公益修复，更要通过类案监督主动发现治理短板漏洞。反垄断和反不正当竞争领域基本实现破题开局。上半年共立案58件，与去年同期20件相比，大幅上升190%。立案数量在全国前列或已立案办理难度和规模较大案件的省份有上海、江苏、湖北、浙江等。该领域案件专业性技术性较强，实践中调查取证难度较大，各地可向上述几个地方学习借鉴相关办案经验。国防和军事利益保护领域上半年共立案757件。自今年4月在全国公益诉讼检察军地协作工作会上发布《2024年检察公益诉讼军地协同办案工作方案》以来，厅里专门下发军地协同办案工作提示，推动办理了一批高质效、有影响力的案件。各地要在摸排线索、调查取证、制发检察建议、提起诉讼等办案环节加强与军事检察院的协作，充分发挥各自专业、信息、资源优势，充分发挥“小专项”办案集聚效应。文物和文化遗产保护领域上半年发展势头强劲，共立案2684件，同比上升68.81%，立案数超过100件的前三个省份分别是安徽、甘肃、山西。各地要站在贯彻落实文化强国建设重大决策部署的政治高度，继续保持现有态势，为文物保护法立法工作提供充足的实践经验样本。

总之，大家要进一步深刻领会、扎实践行应勇检察长关于优化“四大检察”履职结构比的重要指示精神，不断增强公益诉讼检察的履职担当，充分发挥公益诉讼作为“四大检察”中更具主动性职能的特点和优势，保持应有的办案力度，为推动“四大检察”全面协调充分发展贡献力量。

二、坚持问题导向，不断提升办案精准性和规范性

2024年1至6月，全国公益诉讼检察部门牢固树立质效优先导向，检察建议整改率、起诉案件支持率保持高位，办案质效不断提升。特别是紧紧扭住“可诉性”这个关键，积极落实应勇检察长坚持以“诉”的确认实现司法价值引领的指示精神，共提起行政公益诉讼392件，同比增加42%。提起行政公益诉讼占起诉案件总数的9.2%，相较于去年同期增加4.2个百分点。在立案数同比下降的情况下，行政公益诉讼起诉案件数上升四成，且增幅不断加大，占起诉总数比重增加。前期，厅里从正反两方面着手，下发提示有针对性督导进度缓慢的省份加大起诉力度；在典型案例筛选中侧重于敢啃“硬骨头”的行政公益诉讼起诉案件，引导各地办理了一批高质效案件。目前，仍有广东、广西、西藏、兵团4个地区无行政公益诉讼起诉案件。下一步，厅里将结合全国检察机关公益诉讼质量提升专项活动的实地督导和质量评查，对

行政公益诉讼起诉数量过低的省份进行“解剖麻雀”式的督导。

根据案管办上半年数据分析研判情况，也存在一些值得注意的问题。一是中止审查适用存在不规范问题。近期，厅里通过全面分析 2022 年以来全国公益诉讼检察部门 9454 个公益诉讼案件的中止审查情况，发现各地普遍存在对办案规则第 78 条规定的中止审查的要件理解和把握不准确。中止审查适用事由并非法定事由，中止审查事由消失后未及时恢复审查，应当适用扣除期限、延长审限而错误适用中止审查等问题。各省级院要高度重视，结合本地实际，对中止审查案件开展自查，严格规范适用中止审查的条件和程序。下一步，厅里将从各地中止审查时间过长，以及不符合办案规则第 78 条规定的中止审查情形的案件入手，开展有针对性督导，推动各地“当诉则诉”，起诉一批行政公益诉讼案件。二是磋商适用存在不规范问题。案管办数据显示，上半年经磋商终结及调查终结 17123 件，占立案数的 22.1%，在立案数下降的情况下，磋商结案占比有所增加，体现了各地积极发挥磋商程序繁简分流的机制效用。但在适用过程中，各地也要准确把握其功能定位和适用条件，将其准确适用于案情简单，行政机关对公益受到侵害、其违法行使职权或不作为没有异议，有立即整改意愿且通过立即整改，公共利益可以得到及时有效保护的案件。避免在办案中反复磋商、久磋不决而不制发检察建议等。三是部分行政公益诉讼案件受理时间与初步调查结束时间、提出检察建议时间间隔较短。案管办数据显示，三个时间在同一天的有 2412 件，间隔一天的有 4571 件，合占提出检察建议数的 14.3%。虽然有些案件可能在线下先行完成相关办案活动，只是在案件应用系统中在同一天填录，但给外界的观感不好，看似存在办案流程不符合司法逻辑和经验法则的问题。各地对于此类问题要引起高度重视，既要规范办案各环节的程序，也要避免三个办案节点在同一天填录。四是撤回起诉案件占比增大问题。2024 年 1 至 6 月，全国公益诉讼检察部门共提起行政公益诉讼 392 件，其中撤回起诉案件共 128 件，占提起诉讼数的

32.7%。有的省份提起行政公益诉讼后又向法院撤回起诉。对于提起诉讼后撤回起诉的案件，各地要引起重视。除全部实现诉讼请求后的撤回外，应避免与行政机关的“合意”提起与撤回，真正破除畏难情绪，坚定起诉决心，不断提高调查取证、庭审应对的能力。

6月12日，应勇检察长在吉林调研时提到，“四大检察”中比较强的是刑事检察，因为刑事检察贯穿了整个刑事诉讼的全过程；发展比较快、发展势头比较好的是公益诉讼检察。公益诉讼检察从无到有、从有到优，再到形成在“四大检察”中发展势头较好的态势，实属不易！全国公益诉讼检察部门的同志们要倍加珍惜这来之不易的成绩，真正践行以可诉性来提升精准性和规范性的要求，善于在解决问题中推动公益诉讼高质量发展。

三、强化督导指导，切实抓好有代表性高质效案件办理

关于高质效百案点评会。今年6月底，第九次高质效百案点评会上，全部省级院已完成转段，部分省（区）已转到基层院汇报，这意味着第二轮高质效百案点评视频督导很快即将启动。各省级院要久久为功，继续发挥好有代表性高质效案件办理的引领示范作用。一是聚焦抓好本级院已汇报自办案件的结案。目前，各省级院虽已转段，但有代表性高质效案件办结的仅40余件。取得实质性进展并不代表就实现了案件的完全整改，不代表达到了结案标准。各地要抓紧推进案件办结，及时开展“益心为公”志愿者评估及“回头看”，真正确保公益损害整改到位。厅里将适时通报相关工作情况。二是注重已摸排案件线索的办理。在之前的汇报中，各地摸排了很多新的高质效的案件线索。要持续跟进，争取立案办理，保持办案力度不减。省级院要将带头办理有代表性高质效案件作为一种工作常态，力争在第二轮汇报时办出更多更高质量的案件。三是持续加强对辖区内高质效办案的督

导指导。各省级院要因地制宜指导辖区内市级院、基层院办理高质效案件，将高质效办案压力切实传导到市级院和基层院。

关于公益诉讼有代表性高质效案件共享平台运行工作。为持续抓实抓好最高检党组提出的“高质效办好每一个案件”的检察履职办案基本价值追求，更好跟进并督促各级院实现有代表性高质效案件办理任务，实现省、市、基层三级院已办结有代表性高质效案件的共享互促。厅里已会同检察技术信息研究中心搭建了公益诉讼有代表性高质效案件共享平台（以下简称共享平台），目前共享平台已上线运行。上级检察机关可在相应权限范围内对共享案例进行查询及统计分析，对辖区内办案情况开展高效督导。近期，厅里已下发《关于启动公益诉讼有代表性高质效案件共享平台运行的工作提示》，各省级院要提高思想认识，加强对共享平台运行的组织领导，严格审核把关，按照典型案例的格式，抓紧上传2023年7月以来本级院以及本省辖区内市级院、基层院已办结并被最高检高质效百案点评会确定为有代表性的高质效案件，同时审核并上传由省级院评定的本省辖区内市级院、基层院办理的有代表性高质效备选案件。需要注意的是，有代表性高质效备选案件应严格按照最高检高质效百案点评会确定的标准以及本省发布典型案例的程序开展评定，后续经最高检高质效百案点评会确认，可认定为有代表性高质效案件。以后，厅里将从上传到共享平台的已办结的有代表性高质效案件中筛选发布典型案例，并有针对性开展案例指导、对下督导，着力打造具有公益诉讼检察自身特色的高质效办案智能化辅助配套机制。

同志们，应勇检察长强调：“数据分析不是目的，找准问题、解决问题才是关键！”通过对上半年公益诉讼检察业务数据的全面审视、分析研判，希望大家进一步明晰下半年的办案工作思路和重点，找准影响和制约办案质效提升的问题，办理更多有影响力、彰显制度效能的好案件，真正把“努力让人民群众在每一个司法案件中感受到公平正义”落到实处！

本期聚焦
——检察机关服务国家公园建设研讨会

BENQI JUJIAO

检察机关服务国家公园建设公益诉讼典型案例发布词

（2024年6月28日）

徐向春*

近年来，检察机关以习近平法治思想和习近平生态文明思想为指引，充分发挥公益诉讼督促、协同、追责作用，在服务国家公园建设中具有独特价值。这次研讨会，最高检发布检察机关服务国家公园建设公益诉讼典型案例，旨在总结检察机关服务以国家公园为主体的自然保护地体系建设中的实践经验、优秀做法，彰显检察机关以高质效案件办理推动我国国家公园高水平保护、高质量发展的成效，为国家公园专门立法的出台提供丰富实践样本和成熟司法保护路径。本次发布的典型案例，保护对象涵盖面广，自然景观跨度大，案件办理中坚持系统化、一体化思维，注重保护生态系统原真性、完整性，发挥协同作用，凝聚保护合力，实现生态保护、绿色发展和民生改善的有机统一。这6件典型案例是：

案例一：青海省果洛藏族自治州检察机关督促保护三江源国家公园核心区物种生境行政公益诉讼案；

案例二：四川省雅安市人民检察院督促保护大熊猫国家公园珍稀树种天全槭行政公益诉讼案；

案例三：吉林省珲春林区人民检察院督促整治东北虎豹国家公园园区内废弃矿山行政公益诉讼案；

案例四：海南省东方市人民检察院督促整治热带雨林国家公园海

* 徐向春，最高人民检察院公益诉讼检察厅厅长、一级高级检察官。

南坡鹿饮用水污染行政公益诉讼案;

案例五:福建省南平市检察机关督促治理武夷山国家公园松材线虫病行政公益诉讼案;

案例六:江西省上饶市人民检察院诉万某某、南昌市某矿业有限公司破坏武夷山国家公园毗邻区生态环境民事公益诉讼案。

以上案例随后在最高检官网、官微发布,请大家关注。

以高质效办案推动高质量发展
为东北虎豹国家公园建设注入检察力量

马立东*

东北虎豹国家公园是2021年10月第一批设立的国家公园，也是我国最重要的野生东北虎豹栖息地。园区地处吉林、黑龙江两省交界，总面积140.65万公顷，其中吉林省涉及面积95.57万公顷，占园区总面积的67.95%。国家公园设立以来，吉林省检察机关深入贯彻习近平法治思想、习近平生态文明思想，落实最高检部署，发挥“四大检察”职能作用，共办理各类案件315件，推动恢复林地、耕地等3800余亩，诉请生态修复费用等200余万元。由于生态环境明显改善，园区内野生东北虎豹种群数量已由建园之初的27只、42只增长至70只、80只左右。检察机关与相关部门合力筑牢国家公园生态保护屏障的努力已初见成效。

一、坚持打造“一把手”工程，突出专项带动

我院在2019年就与黑龙江省院联合开展了“守护虎啸山林”检察监督专项行动，成立了以省院党组书记、检察长尹伊君为组长的领导小组，把服务保障国家公园建设作为“一把手”工程来抓，推动纳入了吉林省委、省政府《贯彻落实〈中共中央　国务院关于支持东北地区深化改革创新推动高质量发展的意见〉任务分工方案》。国家公园设立后，我们持续深化“守护虎啸山林”专项活动，以大专项带动小专项。一是开展废弃尾矿清理专项行动，推动珲春市自然资源局通过自然恢复、转型利用及工程恢复三种治理方式治理恢复废弃尾矿56

* 马立东，吉林省人民检察院党组成员、副检察长。

处，总面积70.13公顷。二是开展湿地保护专项行动，结合服务保障国家公园生态职能，加强国有林区内湿地保护检察监督。珲春林区院通过制发检察建议，督促林业局对于某某等人擅自改变林地、湿地用途的行为作出处罚，并恢复林地、湿地面积84.19公顷。三是开展“清山清套”专项行动，推动有关责任单位组织1000人次集中开展巡林巡护工作25次，更好地保障了园区内野生动物的生存环境安全。

二、坚持深化一体化办案，加强融合履职

一是纵向上实行“省院主导、市院主责、基层院主办”工作模式，省院加强调度指挥，指导延边州院成立“守护虎啸山林”专案组，以巡回办案形式增强合力。二是横向上构建“四大检察”融合履职的监督格局，共审查起诉227件270人，办理公益诉讼案件88件。珲春林区院办理王某民等人滥伐林木、危害国家重点保护植物刑事附带民事公益诉讼案，促使违法行为人承担修复生态综合费用156万余元，恢复林地88.13公顷，补种林木5.2万余株。我们结合办案制发社会治理检察建议30份。汪清林区通过制发社会治理检察建议，推动林业局更换存在安全隐患的电线杆120余个，消除了潜在的森林火灾风险。三是持续深化跨区域协作，我们推动珲春市院、汪清县院、珲春林区院和汪清林区院与黑龙江省东宁市院、绥阳市院制定《关于建立东北虎豹国家公园生态保护联运机制的意见》，形成协作密切、运转高效的跨行政区划生态保护格局。

三、坚持建设专业化团队，增强内生动力

一是坚持专业驱动，专门成立了由延边林区分院检察长任组长的东北虎豹国家公园保护公益诉讼专业化办案团队，专门办理国家公园公益保护疑难案件。指导珲春林区院成立了由“四大检察”办案骨干参加的

东北虎豹国家公园保护专业化办案团队，已办理刑事案件 7 件、刑事附带民事公益诉讼案件 3 件，向行政机关制发检察意见书 3 份。二是加强专业人才培养使用，将 6 名具备国家公园相关办案经验的检察人员选入省院人才库，招募 90 余名"益心为公"志愿者参与国家公园保护，志愿者已提报公益诉讼案件线索 10 条，为守护东北虎豹作出新的贡献。三是注重科技赋能，加强卫星遥感、大数据模型在公益诉讼办案中的运用。延边林区院研发了延边重点国有林区林下经济经营承包合同智能查询系统模型，通过将林下经济承包合同与法律文书、林地资源档案等整合比对，迅速发现破坏林地资源等监督线索，提高监督精准性。

四、坚持系统化治理，提升保护效果

一是聚焦"恢复性 + 预防性"司法实践，延边林区检察机关从促进国家公园等森林生态系统保护和修复需要，助力国家"双碳"战略目标实现出发，与当地法院建立了林业碳汇补偿机制，推动建立了总面积 120 余亩的 7 个"生态司法碳汇补偿林基地"，为以替代性修复方式补植复绿提供场所。有关做法被评为 2023 年度吉林省政法改革"十大典型案例"。二是通过府院联动增进共识、长效长治。依托"一府两院"联动机制，延边州院与林业、生态环境等部门签订《关于加强森林资源及野生动物保护领域的法律监督协作机制》等一系列协作机制，促进形成东北虎豹国家公园生态保护格局。三是加强宣传引导，凝聚保护合力。延边林区检察机关推动珲春林区相关机关单位党组织成立生态保护志愿者服务队，努力清除威胁东北虎豹等野生动物的安全隐患，清理总面积达 15 万余公顷，拆除铁丝网、围栏总长度近 600 公里。延边州检察机关组织开展"保护虎豹、你我同行"等大型宣传活动，发放宣传资料 3000 余份，形成了全社会共同关心支持东北虎豹国家公园建设的社会氛围。

主动担当作为 以高质效法律监督助力东北虎豹国家公园建设

王体波*

东北虎豹国家公园是我国东北虎、东北豹种群数量最多、活动最频繁的重要定居和繁育区域，地跨吉林和黑龙江两省，黑龙江省内涉及面积4508平方公里，约占总面积的32%。近年来，黑龙江省检察机关认真践行习近平生态文明思想和习近平法治思想，深入贯彻落实习近平总书记关于国家公园建设的重要指示批示精神，按照最高检、省委相关工作部署，坚持依法履职，以检察担当、检察智慧、检察方案，为东北虎豹国家公园建设注入检察力量、提供法治保障。2019年以来，共批准逮捕相关犯罪189人，起诉562人；办理相关公益诉讼案件146件，督促保护虎豹潜在栖息地345.76公顷。

一、强化部署高站位统筹，筑牢全方位保护司法屏障

黑龙江省院党组高度重视服务保障东北虎豹国家公园建设，4次召开党组会研究部署，检察长6次提出具体要求，并出台《关于充分发挥检察职能服务保障建好建强北方生态安全屏障的若干措施》，明确要求加强东北虎豹国家公园检察服务，常态化开展系列综合整治，有效保护生物多样性。2023年，省检察院与省法院、省公安厅、东北虎豹国家公园管理局签订《东北虎豹国家公园（黑龙江片区）生态环境行政与司法协同保护框架协议》，成立领导小组，建立信息共享、要

* 王体波，黑龙江省人民检察院党组成员、副检察长。

案会商等机制，夯实黑龙江片区协同保护基础。

二、精准规范高质效办案，专项监督推进全系统整治

指导牡丹江市院、林区分院制定《服务保护东北虎豹国家公园建设重点监督问题指导目录》，聚焦生物多样性保护、野生动物栖息地保护等方面存在的65种违法情形，开展“服务保护东北虎豹国家公园建设专项监督”，共办理行政公益诉讼案件98件，移送涉嫌违法违规和犯罪问题线索19人，督促自然资源、生态环境等行政机关依法履职，扎实推动东北虎豹栖息地整体保护和系统修复，为野生动物繁衍生息打造舒适“后花园”。相关工作做法获省、市党委政府主要领导批示肯定，3篇专题信息被省委《黑龙江信息》采编，并上报中办。一是坚决抵御外来物种入侵。针对辖区内豚草大量生长侵害本土植物问题，宁安市院利用手机APP识别辨认，通过构建“公益诉讼+调研报告+建议提案转化”办案模式，推动相关部门科学治理和群防群治，有效保护生物多样性及区域生态安全。二是坚决打击非法狩猎、盗伐等违法行为。针对乔某组织、雇佣10余人，先后在穆棱管理局牛心山施业区盗伐303.26立方米、854株树木的违法事实，绥阳院向相关行政机关制发检察建议，督促其及时修复受损生态，并推动联合建立“破坏环境资源类犯罪介入防损”机制。该院相关做法被最高检《检察工作简报》刊发。三是坚决保障人与自然和谐共生。穆棱市院针对保护区内违法放牧、下猎套及监控设备丢失等问题，深入7个村实地调研调查，督促乡政府联合穆棱林业局开展“清套行动”，有效捍卫了25公顷虎豹潜在栖息地的生存环境，真正实现“看得见虎豹、管得住人”。

三、协同配合高标准落实，推动构建全面保护新格局

一是强化跨地区检察协作。与吉林省院签订《关于加强生态检察

区域协作服务和保障东北虎豹国家公园生态文明建设的指导意见》，凝聚共识、强化协作，推进跨区域保护联盟建设，进一步增强检察保护合力。二是完善外部长效协作机制。园区所在地检察机关持续深化与行政机关、审判机关等的协作配合，建立常态化保护机制13份，其中，穆棱市院与穆棱管理局签订《“四个联合”方式保护东北虎豹国家公园生物多样性协作监督管护模式》，创建“1234”办案模式，充分发挥法律监督职能，获3位省人大代表“点赞”支持。三是多措并举扩大宣传凝聚合力。牡丹江市院以第12个“全球老虎日”为契机，牵头与法院、公安机关召开“加强生态环境保护领域法治协作，服务保护东北虎豹国家公园建设”联合新闻发布会，展现了服务保障东北虎豹国家公园建设的法治力量和法治决心，增强群众的环保意识和法律意识。绥阳院建立定期保护、定期宣传、定期交流、定期协商、定期联络“五个定期”制度，依法开展生物多样性协作监督保护；采取进机关、进乡村、进社区、进学校、进企业、进单位“六进”方式，组织开展“保护虎豹、你我同行”公益诉讼以及“世界动物保护日”等宣传活动，切实提升了群众保护意识，营造了全民参与保护的浓厚氛围。

下一步，黑龙江省检察机关将始终牢记习近平总书记视察黑龙江时的殷殷嘱托，坚决扛牢维护国家“五大安全”、筑牢祖国北方生态安全屏障和推进国家公园建设的政治责任，以学习落实本次会议精神为契机、以兄弟省份先进经验为借鉴、以“三个善于”做实高质效办好每一个案件为引领，用一体检察履职成效，守护好自然生态、保护好自然资源、维护好生物多样性。

以司法之力护航武夷山国家公园及环带建设

施忠华 *

武夷山国家公园是全国首批五个国家公园之一，也是世界文化与自然双遗产地的国家公园，享有“闽邦邹鲁”“道南理窟”“世界生物之窗”等美誉。2000 年，习近平总书记在福建工作期间前瞻性率先提出建设生态省战略构想。2021 年 3 月，习近平总书记来闽考察第一站即来到武夷山国家公园，指出“武夷山有着无与伦比的生态人文资源，是中华民族的骄傲，最重要的还是保护好”。近年来，福建省检察机关始终牢记习近平总书记殷切嘱托，深入贯彻习近平生态文明思想，依法履行检察职能，坚持生态保护第一，统筹保护和发展，以高质效检察履职护航武夷山国家公园建设。

一、注重思想引领、理念更新，强化服务和保障国家公园建设的责任担当

认真落实习近平总书记“最重要的还是保护好”的指示要求，坚持用最严密的法治保护生态环境。

一是织密惩治破坏生态环境资源违法犯罪法治网。设立“驻武夷山国家公园管理局检察联络点”，组织开展守护国家公园蓝天、碧水、净土专项行动，2021 年以来，共办理武夷山国家公园范围及环带领域内破坏生态环境资源犯罪 116 件 177 人。其中，办理的陈某星危害珍

* 施忠华，福建省人民检察院党组副书记、副检察长。

贵、濒危野生动物和非法狩猎案入选最高检典型案例，办理的伍某华等15人恶势力团伙犯罪案系我省首例涉生态领域农村恶势力团伙案件。推进行政执法与刑事司法双向衔接，与相关职能部门建立9项协作机制。

二是坚持山水林田湖草一体协作治理。武夷山国家公园横跨福建、江西两省，福建省南平市检察院与江西省上饶市检察院共同牵头两地五县检察院，会签《关于加强武夷山国家公园闽赣检察“2+5”监督工作的协作意见》，开展检察监督专项行动，凝聚保护合力。福建南平、福州、泉州、三明、龙岩、宁德等6地检察机关会签《闽江流域公益诉讼和生态检察跨区域协作机制》，发布《武夷山宣言》，打好环武夷山国家公园闽江流域水系保护战。

三是积极促进区域社会治理。注重“当下治”与“长久立”相结合，围绕办案中发现的生态安全、水资源保护、乡村振兴等领域反映出的社会治理问题，运用检察建议推动行业治理、系统治理、源头治理，其中南平市检察机关办理的畜禽养殖污染环境公益诉讼案，推动南平市委、市政府组织开展全市专项整治。南平市人大常委会出台《关于推行生态保护监督贯通工作的意见》，进一步增强生态保护监督合力。

二、坚持把握重点、依法履职，助力筑牢生态屏障和赓续历史文脉

高质效履行检察职能，为一体推进生态保护、产业发展、文化传承提供有力法治保障。

一是聚焦人与自然和谐共生新画卷。不断完善专业化办案机制，建立“生态检察＋公益诉讼”的办案模式，部署开展野生动物保护、古树名木保护、公共卫生安全、河道生态保护、固体废物整治等各类

生态环境领域专项监督。共立案办理该类公益诉讼案件163件，发出检察建议148件，督促恢复被非法占用、破坏的耕地100余亩，协同推进生态、林业、国土、流域等各类环境资源保护。

二是助力文物和文化遗产保护新发展。部署开展“文物保护公益诉讼专项行动”，摸排该领域线索103件，立案102件，督促文保单位修复受损文物107处，争取专项保护修复资金1200万元。针对“鹰山书院”“朱子社仓”等文物保护不当问题，制发检察建议促成职能部门采取保护修复措施，共同建立保护协作机制。依法办理区域内仿冒名家制作“建盏”犯罪案件，深入企业指导从业人员运用法律共同防范侵权行为，助力非遗文化传承发展。

三是推动生态保护和经济效益协调发展新格局。习近平总书记在武夷山考察时强调，“要统筹做好茶文化、茶产业、茶科技这篇大文章，坚持绿色发展方向，强化品牌意识，优化营销流通环境，打牢乡村振兴的产业基础”。福建检察机关聚焦侵犯武夷山茶叶公共商标、茶企知识产权侵权行为，开展茶叶种质资源保护专项监督，办理侵犯茶产业领域知识产权犯罪案件4件，批捕8人，起诉7人；办理民事支持起诉案件1件，督促侵权人赔偿60万元；办理行政机关怠于履行查处冒用商标专用权、商业贿赂、虚假宣传等行政检察监督案件13件，督促行政罚款100余万元，精准保护知名茶企商标权。

三、着力前伸后延、促进治理，持续做优护航国家公园建设长效机制

推行“专业化法律监督＋恢复性司法实践＋社会化综合治理”生态检察模式，强化生态环境司法保护。

一方面，深入推进生态修复工作。与林业部门联合建立碳汇赔偿修复机制，在南平市全域推广适用。2022年以来，适用林业碳汇赔偿

机制办理案件41件，引导55名被告人自愿认购碳汇3900吨、金额18.5万元。联合行政机关建立武夷山国家公园森林生态修复基地，引入“外脑”智慧，解决碳汇指标设置、估算机制、修复方式等问题，为检察办案提供专业支持。

另一方面，精心培育生态检察文化。总结生态司法保护做法，打造“夷山带水检护青绿”生态检察品牌。今年2月建成启用福建特色检察展示平台——“武夷山国家公园生态保护法治教育基地”，系统展示生态文明建设重要理念和检察机关探索实践，与党委政府共建“党员教室”“学生校外课堂”，目前已接待参观383批次5000余人次，增强群众生态保护意识。

下一步，福建省检察机关将以本次研讨会为契机，认真贯彻落实最高检部署要求，深入践行“三位一体”生态检察模式，学习借鉴兄弟省份的优秀经验做法，加强武夷山国家公园区域检察监督协作，高质效办好每一个公益诉讼和生态检察案件，为服务保障武夷山国家公园建设贡献福建检察智慧和力量。

“赣”劲十足“赣”出精彩 全力协同守护“双世遗”武夷山

杨　峰*

“碧水丹山，奇秀甲东南”的武夷山，是大自然赐予华夏大地的一块瑰丽珍宝。武夷山国家公园是我国唯一一个既是世界人与生物圈保护区，又是世界文化与自然双遗产的国家公园。近年来，江西省检察机关充分发挥公益诉讼检察职能，积极服务武夷山国家公园建设，以法治之力呵护武夷之美，持续筑牢东南地区重要生态安全屏障。

一、坚持高位推动，切实增强服务武夷山国家公园建设的政治自觉和法治自觉

建立以国家公园为主体的自然保护地体系，是贯彻习近平生态文明思想、推进美丽中国建设的重大举措。江西检察机关聚焦党和国家中心大局，加强武夷山国家公园生态司法保护，为打造美丽中国“江西样本”提供法治支撑和保障。一方面，强化组织保障。省检察院围绕省委关于全力打造国家生态文明建设高地的部署要求，制定下发《关于充分发挥检察职能助力打造国家生态文明建设高地的指导意见》，突出强调，聚焦山水林田湖草沙一体化保护和系统治理，加大对武夷山国家公园（江西片区）等自然保护地保护。指导铅山县检察院以服务环武夷山国家公园保护发展带（江西片区）作为基层院工作品牌开展创建活动。另一方面，争取人大支持。2022 年以来，省人大常委会

---

* 杨峰，江西省人民检察院副检察长。

每年确定一个主题在全省部署“公益诉讼江西行”活动。2024年主题为“守牢生态安全底线”，丁顺生检察长和省人大常委会胡世忠副主任共同研究活动方案，将武夷山国家公园为主体的自然保护地保护纳入主题活动监督内容，推动检察监督与人大监督贯通融合，助推《江西省武夷山国家公园条例》落地落实。

二、依法积极履职，有效提升武夷山国家公园管护质效

武夷山国家公园溪流纵横，森林覆盖面广，矿产、野生动物资源丰富。江西检察机关围绕武夷山国家公园生态特点，依法监督，严格办案，扎实推进国家公园保护和管理。一是加大办案力度。2021年以来，全省检察机关坚持将自然保护地公益诉讼案件作为环境资源类公益诉讼案件的重点来抓，共办理自然保护地案件359件，发出检察建议204件，提起诉讼46件，督促恢复水源地1288亩，补植林木10745立方米，追缴生态损害赔偿金666万元。武夷大峡谷是武夷山国家公园独特的地质地貌，被誉为“江南九寨沟”。针对北武夷大峡谷流域饮用水源地违法情形多样、多个行政部门职责交叉、监管不到位的问题，铅山县检察院依法进行行政公益诉讼立案，向县水利局、上饶市铅山生态环境局制发检察建议，推动建立常态化巡查监管、信息资源共享等工作机制，并促成县政府部署专项治理，关停非法排污口3处，恢复被污染水源地面积5.63亩，清理垃圾1200多公斤。二是注重保护修复。习近平总书记强调“武夷山有着无与伦比的生态人文资源，是中华民族的骄傲，最重要的还是保护好”。针对某矿业公司以地质灾害治理为名非法采矿，造成武夷山脉北部公益林地、山体地质环境破坏的问题，上饶市检察院依法提起民事公益诉讼，诉请违法行为人承担修复费等费用98万余元，并向人民法院提出财产保全建议，以确保生态环境损害民事责任的优先实现。三是助推源头治理。深化运用

“检察建议 + 调研报告”办案模式，推动个案监督向类案监督拓展，个案办理向社会治理延伸。针对公园范围内非法狩猎、驴友活动破坏环境、森林火灾隐患等问题，铅山县检察院制发检察建议督促主管部门加强巡逻防控、线索移送以及普法宣传等工作，共同推动国家公园生态环境有效保护。

三、凝聚共识共为，共筑武夷山国家公园生态安全法治屏障

武夷山国家公园横跨江西、福建两省，是东南地区重要生态屏障。江西检察机关注重同向发力，强化协作配合，凝聚国家公园保护合力。一是持续推进跨省检察协作。早在 2018 年，铅山县院就服务和保障武夷山自然保护区与武夷山市院签署区域协作意见，发出全国首份跨省协作生态检察建议书。2023 年 3 月，上饶、南平两市五县（市）检察机关积极构建闽赣检察“2+5”跨区域协作机制。2023 年 11 月，丁顺生检察长再次强调“武夷山国家公园保护方面注意加强和福建省检察机关联系与沟通”。江西、福建两个省级院公益诉讼部门进一步密切工作协作，对接工作实现了常态化。二是不断密切检园协作。铅山县检察院深入探索“检察长 + 国家公园”机制建设，2022 年 7 月，联合武夷山国家公园（江西片区）管理机构会签意见建立案件报备、联席会议、协助互助等工作制度，设立驻国家公园检察官办公室，接收管理机构移送线索 11 条，打通检察保护“最后一公里”。三是积极引导公众参与。铅山县检察院吸纳当地乡镇网格员加入“益心为公”志愿者团队，通过开展集中公开听证、法治宣讲等活动，在环武夷山国家公园 7 个乡镇进行普法宣传，累计发放宣传材料 1500 余份，村民主动上交捕兽夹 17 套，形成全民共护武夷山水的良好氛围。

“武夷占尽人间美，愿乘长风我再来。”下一步，江西检察机关将

认真贯彻落实本次研讨会精神，持续深化与福建等兄弟省市检察机关协作，以更优检察履职服务武夷山国家公园建设，努力为绘就天更蓝、山更绿、水更清的新时代国家公园生态画卷作出检察贡献。

强化“五个坚持”突出办案质效 着力打造服务热带雨林国家公园建设 海南检察样本

张　毅*

海南热带雨林国家公园作为我国首批国家公园之一，横跨海南9个市县，总面积4400余平方千米，森林覆盖率为95.86%，拥有我国分布最集中、类型最多样、保存最完好、连片面积最大的热带雨林。习近平总书记对海南生态文明和热带雨林国家公园建设高度关切，多次作出重要指示批示、提出殷切希望。作为自贸港检察机关，我们坚持以习近平生态文明思想和习近平法治思想为指引，深入贯彻习近平总书记重要指示批示精神，始终把服务保障海南热带雨林国家公园建设作为检察重点工作，强化“五个坚持”，突出办案质效，着力以最严密法治守护好海南的“生态绿心”。

一、坚持高标准部署推动

把积极助推热带雨林国家公园建设作为服务保障海南自贸港建设的重中之重，省检察院专门成立组织领导机构，连续三年将此项工作纳入年度目标任务重点推进，以制定印发工作方案、召开专题会和推进会、进行实地检查等方式，统筹指导国家公园辖区检察机关开展工作。探索设立“热带雨林生态检察官办公室”，实行“四大检察”集中办案，着力做深做实生态检察综合履职模式。积极推进机制创新，

* 张毅，海南省人民检察院党组书记、检察长。

针对国家公园区域广、跨区域监管难等堵点难点问题，联合省高院、省林业局、省森林公安局等开展专题调研，推动调研成果转化，建立完善环境资源案件集中管辖、生态损害修复赔偿等机制，得到省委主要领导批示肯定。

二、坚持高质效办好每一个案件

始终把办准办好案件作为检察履职第一要务，近三年共办理涉国家公园生态环境和资源保护案件174件，年均上升146%，通过办案推动解决一批国家公园生态公益侵害问题。针对国家公园内盗伐滥伐林木、违法侵占林地等突出问题，省检察院联合省公安厅、省林业局等部署开展“打击非法采伐、出售、收购、运输名贵珍稀树种”“复绿2023”“公益诉讼服务保障热带雨林国家公园建设”等专项行动，以专项拓展办案规模、带动全局发展。办案中充分运用刑事打击、民事行政监督、公益诉讼等手段强化保护效果。省检察院第一分院诉李某某、叶某某盗伐林木民事公益诉讼案，在违法行为人被另案判处承担刑事责任的同时，诉请判令其支付生态环境损害修复费用等22.93万元获法院支持，该案入选国家公园司法保护典型案例。在最高检的有力指导下，省检察院组织联动办案，督促行政机关依法履职，推动国家公园辖区内五指山市某公司违法侵占林地258.6亩、东方市东河镇俄贤村内毁林120亩等中央环保督察反馈问题得到有效整改落实。

三、坚持治罪和治理并重

认真落实党的二十大关于“完善生态保护补偿制度”部署，探索建立“打击监督并重、检察行政并联、法治综治并施”的国家公园立体治理模式，联合林业、公安等部门在国家公园辖区重点市县选址建设生态修复基地，用于违法行为人补植复绿，做到惩罚治罪与修复治理并重。省检察院第二分院与昌江县院共同办理的羊某某等人破坏林地、非法狩猎案，考虑到被告人经济困难，探索通过劳务代偿方式履行异地生态修复义务，该案入选国家公园司法保护典型案例。探索建立“检察建议 + 调研报告”源头治理模式，结合办案深挖案件背后的监管漏洞，推动完善相关制度机制。近 3 年来，共向有关部门制发检察建议 56 份，回复整改率 100%。东方市院针对居民私设排污管道排放生产生活污水，严重危害国家一级重点保护野生动物——海南坡鹿饮水安全问题，依法督促有关部门全面铺设污水管网，推动国家公园类案公益受损问题前端解决、源头预防。结合办案着力做实法治宣传，编发国家公园生态保护典型案例宣传册，常态化深入社区、企业、农村开展主题法治宣传，推动全社会不断提升生态环保意识。省检察院第一分院拍摄的反映热带雨林生态保护的微视频《着色》获第八届全国检察机关微视频类“十佳作品奖”。

四、坚持内外协作联动

不断完善和落实检察一体化办案机制，对于重大疑难复杂案件，明确要求辖区院入额院领导要带头办理，上级院要积极领办、参办或提级办理。省检察院组织国家公园辖区院开展联合监督，推动职能部门清理国家公园内有害物种金钟藤 8000 多亩。健全完善检察机关内部线索移送、信息互通等办案机制，近 3 年来，移送线索成案率达 98.5%。强化“检察 +N”聚合力，省检察院联合省高院、省林业局等 5 部门建立海南热带雨林国家公园生态环境和资源保护检察公益诉讼协作机制，从案件线索移送、调查取证、提起诉讼等七个方面建立 26 项工作机制。积极推广检察公开听证、公益诉讼圆桌会议、第三方评估等机制，深化运行“益心为公”志愿者检察云平台，聘任志愿者 812 名，依靠公众力量及时发现解决涉国家公园公益损害问题。国家公园核心区内9株300年以上树龄的濒危古树陆均松被盗伐，生态损害价值难以确定且不宜原地补种。检察机关邀请林业专家、人大代表、人民监督员等举行公开听证，凝聚共识破解难题，诉请被告赔偿生态服务功能价值损失等费用55.68万元获法院支持，并促使其异地进行补植复绿。

五、坚持强化专业素能建设

着眼提升检察办案质效，大力加强业务建设，建立公益诉讼人才库，完善省检察院片区检察官指导及基层人才培养锻炼机制，推行特邀检察官助理制度，常态化开展实战实训、岗位练兵及公检法同堂培训，着力提升检察服务和监督办案能力水平。积极将数字检察作为提高法律监督能力的重要依托，探索创建“海南热带雨林国家公园大数据检察监督模型”，运用该模型发现刑事、行政、公益诉讼案件线索1550条，该模型获全国检察机关大数据法律监督模型竞赛三等奖。

下一步，海南省检察机关将以学习贯彻此次研讨会精神为契机，认真学习借鉴兄弟省份的好做法好经验，坚持依法履职，聚焦强化法律监督，突出高质效办好每一个案件，着力把服务保障海南热带雨林国家公园建设工作做得更实更深入，努力为海南自贸港和国家生态文明试验区建设作出新的更大贡献！

坚持保护优先　强化检察担当
共建万物和谐美丽家园

王疆立*

万物生灵，各美其美。大熊猫是全球生物多样性保护的旗舰物种和伞护物种，是世界自然保护的象征。2021年10月12日，大熊猫国家公园正式设立。大熊猫国家公园的设立，对大熊猫栖息地的完整性、连通性的有效提升以及大熊猫野外种群数量稳定增长、种群间基因交流具有重要意义。大熊猫国家公园四川片区面积1.93万平方公里，占公园总面积的87.7%，是全球36个生物多样性热点地区之一，涉及成都、雅安等7个市州20个县（市、区），横跨岷山、邛崃山、大相岭、小相岭等山系，是全球最大、最完整的大熊猫栖息地。

近年来，四川省检察机关深入践行习近平生态文明思想和习近平法治思想，认真落实中共中央办公厅、国务院办公厅《关于建立以国家公园为主体的自然保护地体系建设的指导意见》，自觉肩负起大熊猫国家公园生态环境司法保护的政治责任，努力做到惩治犯罪与修复生态、纠正违法与源头治理、维护公益与促进发展有机统一，助力发挥大熊猫国家公园对生物多样性保护的伞护效应（通过保护一个旗舰物种的栖息地，从而为该地区其他物种提供保护的效应），守护8000余种伴生动植物，切实保护国家公园自然生态系统的完整性和原真性。

一、以高质效案件办理为抓手，严格落实司法保护责任

一是坚持依法打击犯罪与保护公益并重。大熊猫国家公园设立以

* 王疆立，四川省人民检察院检委会专职委员。

来，大熊猫国家公园四川片区检察机关立足检察职能，坚持以有效应对生物多样性面临的挑战、全面提升生物多样性保护水平为目标，以大熊猫国家公园生态环境资源突出问题为重点加大办案力度，服务生物多样性保护重大工程建设。对破坏国家公园生态环境资源犯罪案件批捕50件91人，起诉309件636人。切实发挥公益诉讼检察职能，立案办理国家公园生态环境和资源保护公益诉讼案件960件，四川省检察院、雅安市检察院从大熊猫国家公园雅安、阿坝片区发生的盗伐林木案发现，国家公园内槭树科树种因具有较高经济价值而被大肆盗伐，导致生境破坏，该物种的生存受到威胁，相关部门保护缺位，省、市两级检察机关通过行政公益诉讼检察建议、会商推动主管部门开展槭树种群调查、抢救性保护、种群扩繁等工作，并将种群数量渐趋减少的天全槭纳入四川省重点保护植物名录。

二是践行恢复性司法理念，推进国家公园生态修复。大熊猫国家公园四川片区检察机关通过办案督促修复国家公园内耕地、林地、草原等378.12亩，治理水域面积8.7亩，督促侵权人支付生态损害赔偿金、生态修复费用等188万余元。对部分盗伐林木案因客观原因限制而无法全部进行直接修复的情形，与人民法院充分沟通，以行为人购买碳汇等替代性修复方式实现生态服务功能修复。某公司为修建货运索道在大熊猫国家公园荥经片区砍伐珙桐40株，因不具备原址补种修复条件需进行异地、异种修复，该公司除承担刑事责任外，支付森林生态系统损害赔偿金94万余元用于购买经核证的林业碳汇15000吨，该案入选检察机关服务保障碳达峰碳中和典型案例。

二、以兼顾保护与发展为重点，助力实现人与自然和谐共生愿景

一是实现保护生态与守护民生共赢。联合国《生物多样性公约》提出对原住民利益的保护，大熊猫国家公园四川片区检察机关始终秉

持可持续发展理念，坚持在发展中保护，在保护中发展，助力生态保护、民生改善、乡村振兴相统一，共建万物和谐美丽家园。检察机关在办理大熊猫国家公园内违法放牧、盗伐林木等案件中了解到原住民利益保护相关问题，通过公益诉讼检察职能，以“我管”促“都管”，推动国家公园内原住民生产及生活方式转型升级，实现生态保护与民生改善共赢。大熊猫国家公园青川片区是岷山山系大熊猫主要栖息地的重要组成部分，违法放牧会对大熊猫等野生动物的生存环境构成威胁，青川县检察院通过行政公益诉讼推动相关部门督促原住民停止违法放牧，相关部门及时给予他们经济补偿，让原住民转型为中蜂养殖户，由合作社统一负责蜂蜜收购和销售，同时为原住民提供生态护林员等岗位，让其走上小康之路，实现保护生态与改善民生相统一。

二是以绿色发展引领乡村振兴。坚持生态惠民、生态利民、生态为民，通过检察履职助力大熊猫国家公园的生态优势转化为发展优势，实现生态保护、发展经济并行，服务乡村振兴建设。大熊猫国家公园宝兴片区森林覆盖率高达71.39%，是“世界动植物基因库”，宝兴县检察院在办理大熊猫国家公园盗伐林木案中，与县林业局、县生态价值转换促进局、四川省夹金山国有林保护局有限公司积极探索将碳汇价值用于本地的生态修复模式，推动宝兴县成立全省首个“生态银行”试点基地，并在县林业局设立生态银行碳汇账户，将行为人支付的用于购买碳汇的生态环境损害赔偿资金用于本地林业开发和新农村建设，助力乡村振兴。

三、以大熊猫国家公园生态环境保护跨部门跨区域协作为依托，构建多元共治工作格局

一是府检联动构建生态保护合力。2020年8月，省检察院、省法院、大熊猫国家公园管理局联合印发《关于建立大熊猫国家公园生态环境资源保护协作机制意见（试行）》，大熊猫国家公园四川片区检察

机关在公园管理局设立公益诉讼检察工作站11个，通过“线上+线下”线索联报、府检联动、“检察官+联络员”双向联络等工作机制，收集大熊猫国家公园生态环境和资源保护线索24条。

二是南北同步强化生态廊道建设。为进一步加强大熊猫国家公园跨区域联动保护，强化毗邻边界协作，共同推进大熊猫国家公园跨省生态廊道建设，同属大熊猫国家公园岷山山系的四川省青川县检察院、甘肃省文县检察院与大熊猫国家公园广元管理分局唐家河站、大熊猫祁连山国家公园甘肃省管理局白水江分局签订《关于建立大熊猫国家公园跨区域保护协作机制的意见》，相互移送案件线索8件，并对发生在毗邻地区的野生动植物保护公益诉讼案件共同开展调查取证和公开听证工作，同步推进跨省大熊猫栖息地生态廊道建设。

三是检校合作共促生物多样性保护研究。大熊猫国家公园内极小种群野生植物蕴藏着丰富的遗传资源，对维护生态平衡、保护生物多样性，促进可持续发展具有重要意义。成都、雅安等地检察机关高度关注大熊猫国家公园极小种群野生植物生存和保护。民革雅安市委委员暨“益心为公”植物学专业志愿者向雅安市检察机关提报大熊猫国家公园野生川桑亟待保护的线索，雅安市检察机关通过检察建议推动相关部门加强对川桑的系统保护，并与西南大学、四川省农科院开展“府检校”协作，推动将荥经川桑珍稀群落保护纳入荥经县林长令第3号《关于加强古树名木保护利用工作令》。成都市检察机关与中科院成都生物研究所等科研院所，通过联合举办主题研讨、实地调查等形式，对大熊猫国家公园龙门山片区极小种群野生植物开展种群扩繁工作。

生物多样性是地球充满生机，也是人类生存和发展的基础。山积而高，泽积而长，加强生物多样性，是日积月累、久久为功的事业，四川省检察机关将以此次研讨会为契机，在最高检的坚强领导下，携手兄弟省（市）以更高标准守护服务以国家公园为主体的自然保护地体系建设，让法治这个“最大公约数”更好护航国家公园高质量发展。

依法履职　助力推进国家公园法治建设

格桑旺姆*

近年来，西藏检察机关深入学习贯彻习近平生态文明思想和新时代党的治藏方略，以“亚洲水塔”保护行动为载体，在服务国家公园建设中充分发挥检察职能作用，取得了一定成效。

一、牢记“国之大者”，高质效办好每一个涉国家公园案件

青藏高原是世界屋脊、“亚洲水塔”、地球第三极，是我国乃至亚洲重要的生态安全屏障。西藏作为青藏高原主体，拥有江河湖泊、湿地草原、森林雪山等几乎所有的陆地生态系统类型。2022年底，国家林草局等多部门联合印发的《国家公园空间布局方案》遴选了49个国家公园候选区，其中包括西藏自治区的羌塘、珠穆朗玛峰、冈仁波齐－玛旁雍错、雅鲁藏布大峡谷、高黎贡山、三江源等六个区域，西藏很有可能成为全国国家公园数量最多、面积最大且占国土面积比例最高的省区。目前，羌塘、珠穆朗玛国家公园候选区已获国家复函同意创建。

习近平总书记强调，“保护好西藏生态环境，利在千秋、泽被天下”。党的二十大报告指出，要“推进以国家公园为主体的自然保护地体系建设”。新时代党的治藏方略明确了西藏工作稳定发展生态强边“四件大事”，保护好西藏生态环境就是“国之大者”对西藏检察工作的具体要求。我们坚决贯彻落实习近平总书记重要指示精神，创

* 格桑旺姆，西藏自治区人民检察院党组成员、副检察长。

新推进生态检察工作，着力推动以国家公园为主体的自然保护地体系建设，积极参与自然保护地生态环境及资源保护，着力探索惩治犯罪与修复生态、纠正违法与源头治理、保护生态与促进高原经济高质量发展相适应的西藏特色生态检察工作，高质效办好每一个涉国家公园案件。2021 年以来，西藏检察机关累计受理审查起诉破坏生态环境和资源案件 165 件 405 人，依法提起公诉 126 件 276 人；主动收集生态环境和资源保护领域公益诉讼线索 3696 件，经调查立案 2622 件，依法提起公益诉讼 41 件，法院判决支持 41 件。三级院协同办理的南木拉湿地保护公益诉讼案入选全国典型案例。在珠穆朗玛峰国家级自然保护区核心区域吉隆县，依法办理了非法采伐密叶红豆杉国家重点保护植物案，被告人在承担相应的刑事责任的同时，补种密叶红豆杉 20 株幼苗，缴纳了管护费，并公开赔礼道歉，产生了良好的社会影响。

二、依法履职，助力推进国家公园生态保护源头治理

不断深化“专业化监督 + 恢复性司法 + 社会化治理”生态检察模式，提前介入、主动预防，以一体履职、综合履职、依法履职推动国家公园区域内相关生态环境问题的源头治理。制定《全区国家级自然保护区公益诉讼检察联络室设立方案》，在 11 个国家级自然保护区涉及的 35 个林草局（保护区管理局）设立公益诉讼检察联络室，建立检察机关与当地行政执法部门联合值班机制，强化执法司法衔接，加强对重点生态功能区、生态环境敏感区和生态脆弱区的司法保护。在全区开展“亚洲水塔保护”专项行动，加强对江河源、冰川、湿地等案件的办理。推动落实“河湖长 + 检察长 + 警长”工作协作机制，加大巡河、巡湖力度。今年上半年，我们与自治区水利厅、公安厅开展河道非法采砂专项整治，重点对流经自然保护地的雅鲁藏布江、尼洋河、拉萨河、年楚河等河流河道非法采砂进行专项监督，服务国家公园建设。

2021 年以来，全区检察机关通过依法办案，督促相关主管单位和个人恢复、保护被毁坏林地、湿地与草地 2.2 万余亩，补植复绿 2439.29 亩；督促治理恢复被污染水源地 156.76 亩，督促清理被污染和非法占用河道 993.17 公里、被污染水域 2001.03 亩、增殖放流鱼苗 10.86 万尾；督促清理违法堆放的生活垃圾 1.34 万吨、固体废物 5.2 万吨（其中危险废物 71.5 吨）。督促相关单位依法关停整治违法排污企业 3 家，关闭拆除饮用水水源保护区内排污口 3 个，拆除违章建筑 61 处，拆除垃圾填埋场 2 个，收取生态损害修复、赔偿金 840.29 万元。日喀则检察机关立案监督黑颈鹤国家级自然保护区内（日喀则片区）非法开发项目，督促恢复保护区面积 2 万余亩。今年 5 月，林芝市波密县检察院办理督促整治涉国家级自然保护区项目超范围改扩建行政公益诉讼系列案取得明显成效，截至目前，涉案 12 处露营式平台已被拆除，主管机关对涉案单位依法作出行政处罚。

三、创新工作机制，积极推动建立党委领导、人大监督、政府支持、社会广泛参与的国家公园保护工作格局

近年来，我们把生态公益诉讼作为推进新时代西藏检察工作的重要任务，在年度报告、专项工作中主动向各级党委、人大、政府、政协汇报工作，争取支持。自治区人大常委会制定出台了《关于加强新时代检察公益诉讼工作的决定》，34 个县（区）党委、政府先后出台支持检察公益诉讼工作的规范性文件，为全面推进检察公益诉讼工作提供了地方立法支撑。全区检察机关贯彻“双赢多赢共赢”理念，督促、协同、配合相关行政机关依法履职，与生态环境、公安、水利、林草等部门联合制定《关于加强生态环境保护领域公益诉讼协作的意见》，有力推进了相关领域工作开展。市县检察院上下联动，全面推动构建生态检察公益诉讼的机制框架。持续深化与相邻省市跨区域协

作配合，自治区检察院衔接川滇青甘新等周边省区检察机关，共同签署《关于建立长江上游生态环境保护跨区域检察协作机制》《关于金沙江流域生态环境行政公益诉讼跨省际管辖协作办法（试行）》《关于建立青藏高原生态公益司法保护跨区域检察协作机制的意见》，推进形成跨区域生态保护司法合力。同时，我们坚持司法与普法相结合，用好主流媒体阵地，用活传统媒体和“两微一端”新媒体，广泛宣传生态检察公益诉讼工作，凝聚“多方参与、共治共享”的社会合力。积极推进“益心为公”志愿者检察云平台建设，招募志愿者1225人，借助志愿者紧密联系群众，接受人民监督。《民主与法制周刊》刊发《新时代公益诉讼的西藏模式》，“完善公益诉讼制度，强化公益检察保护”宣传片入选2022年度全区“十大法治新闻”。

2023年9月1日，《中华人民共和国青藏高原生态保护法》颁布实施，对我们加强协作、依法履职，切实保护好青藏高原生态环境提出了新的更高要求。参加这次研讨会，通过学习各地的先进经验，感到收获很大、很受启发。在今后的工作中，按照本次研讨会精神和2021年川滇青甘新藏及兵团7个省级院在拉萨会签的《青藏高原及周边区域生态检察司法保护跨区域协作机制》，以服务国家公园建设为载体，加强沟通联动、研讨会商和信息共享，共同加强三江源等国家公园跨区域协作，为创建国家生态文明高地提供有力的司法保障。

构建陕西生态环境检察工作新格局 依法履职服务保障国家公园建设

王 勇*

陕西既有已经建成的大熊猫国家公园，又有正在建设的秦岭国家公园，均位于秦岭。习近平总书记指出，陕西生态环境保护，不仅关系自身发展质量和可持续发展，而且关系全国生态环境大局。近年来，陕西检察机关坚持以习近平新时代中国特色社会主义思想为指导，贯彻落实习近平总书记来陕考察重要讲话重要指示精神，以生态环境检察专门化为抓手，紧紧围绕“健全秦岭常态化长效化保护体制机制”这一核心任务，着力构建具有陕西特色的生态环境检察工作新格局，为国家公园建设提供有力检察保障。

一、高站位谋划部署，构建国家公园司法保护格局

省院党组深刻认识到建设国家公园是以习近平同志为核心的党中央站在实现中华民族永续发展的战略高度作出的重大决策，从服务“国之大者”的更高层面谋划推动。以现代化理念为引领。召开全省生态环境检察工作会议，全面部署新时代新征程生态环境检察工作，要求全面贯彻习近平生态文明思想、习近平法治思想，践行保护优先、人民中心、环境法治、注重预防、共建共享现代环境检察理念，加强对秦岭国家公园、大熊猫国家公园一体保护。以全新生态司法理念为引领，全省共建立生态环境司法保护、修复基地 44 个，聚焦秦

* 王勇，陕西省人民检察院党组成员、西安铁路运输分院分党组书记、检察长。

岭地区污染防治、生物多样性保护、水环境保护等办理了一批典型案件，探索适用“检察+碳汇”、“先民后刑”前置生态环境损害赔偿、民事公益诉讼财产保全等办案规则，将山水林田湖草沙系统治理落到实处。以专门化建设为抓手。适应国家公园整体性、系统性司法保护需要，以生态环境检察职能、机构、机制、规则和队伍五个专门化为抓手，为专业化保护国家公园奠定基础。经省委编办批准，在省院公益诉讼检察部加挂“生态环境检察部”牌子，统一指导全省生态环境“四大检察”案件办理。在市院组建生态环境检察办公室，集中办理生态环境检察业务。县（区）院根据生态功能分区和环境系统保护需要，组建生态环境检察办公室或办案团队，归口办理专业性较强的生态环境检察案件。组建由全省295名业务骨干组成的生态环境检察人才储备库，有效破解了国家公园司法保护案件高度复合性和专业技术性难题。以跨区划改革为杠杆。为更好服务保障国家公园建设，全面落实最高检跨区划检察改革部署，陕西省院深入推进跨行政区划检察改革。2022年7月，陕西省人大常委会批准设立秦岭北麓等4个派出检察院，形成覆盖全省的跨区划检察组织体系，对涉及生态环境保护的跨行政区划案件实行集中管辖，构建起跨区划院集中管辖与区划院地域管辖相辅相成、一体履职的具有陕西特色的法律监督工作机制。2022年12月，跨区划院自挂牌以来，共摸排跨区划秦岭生态保护案件线索161条，立案119件，提出检察建议136件，3件案件入选最高检典型案例。

二、高质效监督办案，提升国家公园司法保护效能

落实最高检高质效办好每一个案件的价值追求，紧紧围绕大熊猫国家公园和秦岭国家公园生态保护依法履职。2020年以来，全省共批准逮捕破坏秦岭环境资源犯罪案件166件177人，起诉455件618人；办理民事行政诉讼监督案件123件；立案公益诉讼案件6739件，办理

诉前程序案件6577件，起诉161件。16起案件入选最高检典型案例。全面推进一体履职。制定“四大检察”业务融合发展“22条意见”，统筹适用刑事、民事、行政责任，以一体履职提升办案质效。针对在大熊猫国家公园非法倾倒建筑垃圾问题，宁强县院制发检察建议，督促行政机关清理垃圾并建立长效机制。针对非法穿越秦岭核心保护区违法行为，陕西省院统一指挥，跨行政区划院和区划院协同履职，督促西安、安康、商洛3市行政主管部门建立跨区域联合执法机制，整治非法穿越行为，取得明显成效。扎实开展专项行动。为全面保护秦岭生态环境，陕西省院出台《关于充分发挥检察职能为秦岭生态环境保护提供司法服务和保障的意见》。先后开展秦岭生态环境保护专项活动3次，重点监督11类61项违法行为。省院4次召开新闻发布会通报秦岭生态保护检察工作情况，发布典型案例33件。“秦岭生态检察卫士”被评为全国优秀检察文化品牌，“以法律监督利剑守护秦岭绿水青山”入选陕西省第二届“十大法治事件”。探索实行巡回检察。制定《跨行政区划检察机关开展生态环境巡回检察工作的实施办法》，创新生态环境保护工作方式。今年4月，针对秦岭地区存在的违规处置危险废物危害生态安全问题，省院部署开展了首次专题巡回检察。截至目前，已立案13件，发出检察建议9件，向区划院移送案件线索3件。目前，正在依托跨区划院谋划设立大熊猫国家公园和秦岭国家公园巡回检察室，创新推进国家公园检察保护机制。

三、高标准建设机制，凝聚国家公园司法保护合力

针对国家公园生态环境保护高度复合性和专业技术性特点，以机制创新为着力点，形成国家公园保护强大合力。数据赋能，健全一体化履职机制。设立生态环境检察指挥中心，打通全省三级检察院数据“壁垒”，实现案件线索“一网汇集”、重大案件“一网交办”、办案

资源“一网调度”。自2022年12月指挥中心试运行以来，协调省秦岭办等移送信息26.2万条，交办案件线索111件。最高检要求“依托陕西既有平台建立七省（市）秦岭生态环境保护指挥中心”，陕西检察正在最高检有力指导下，协同兄弟检察机关推动指挥中心建设，以数字检察监督促进生态环境治理。加强配合，完善检察机关协作机制。召开7省（市）秦岭生态环境检察协作会议，最高检副检察长张雪樵出席并讲话，秦岭7省（市）检察机关参加会议，签署《秦岭生态环境保护检察监督跨区划协作协议》，助力2个国家公园建设。与四川、甘肃省院联合印发《关于建立大熊猫国家公园协同保护检察监督协作机制的意见》，连续2年联合开展大熊猫国家公园巡护行动，跨省检察协作效果明显。多元协同，构建社会化治理工作机制。依托陕西“党委领导、政府主导、多方参与、司法保障”的检察建议办理社会化工作格局，充分发挥检察建议作用，有效助推国家公园系统性保护。与7家环保组织签署合作协议，构建“检察＋社会”环境保护合作模式。用好“益心为公”检察云平台，招募志愿者2900余人，目前志愿者已参与检察履职2800余人次，提供案件线索800余条。

下一步，陕西检察机关将深入学习贯彻党的二十大精神，在最高检、省委坚强领导下，借鉴兄弟省院经验，只争朝夕、埋头苦干，为助力构建统一规范高效的中国特色国家公园体制，服务保障国家公园建设贡献检察智慧和力量。

坚持系统治理　强化履职担当
以检察之力协同织密国家公园保护网

沈　涧*

设立国家公园、建立国家公园体制，是我国推进自然生态系统保护的重大制度创新。党的二十大报告将“推进以国家公园为主体的自然保护地体系建设”列为“提升生态系统多样性、稳定性、持续性”的重要举措，对高质量推进国家公园建设作出战略部署。本月中旬，习近平总书记考察青海时专门对“加强以国家公园为主体的自然保护地体系建设”作出了重要指示，为我们服务国家公园建设提供了根本遵循。

甘肃地处西北地区中心地带，是黄河、长江的重要水源涵养区，是我国西北地区重要的生态屏障，在保障国家生态安全中具有重要地位和作用。党的十八大以来，习近平总书记两次视察甘肃，都对“加强生态环境保护”，特别是加强黄河流域和祁连山生态环境保护提出明确要求。甘肃境内涉及两个国家公园，其中大熊猫国家公园甘肃省白水江片区面积为2552.96平方公里，占比9.4%；祁连山国家公园甘肃片区面积为3.44万平方公里，占比68.5%。近年来，甘肃检察机关深入学习贯彻习近平总书记重要指示精神，全面落实党的二十大精神，在最高检和甘肃省委领导下，在相邻兄弟检察机关支持帮助下，在相关行政机关共同努力下，主动对接中央、甘肃省委部署的黄河流域生态保护、祁连山北麓水源涵养与生态保护修复等重大生态项目，将“加强生态环境司法保护”作为服务大局“七个更有力”之一强力推

* 沈涧，甘肃省人民检察院党组书记、检察长。

进，以法治之力服务保障国家公园建设。

一、坚持集中履职，增强服务国家公园建设的专业性

主动顺应生态保护需求，深入探索与国家公园管理体制相适应的检察监督机制，积极构建源头严防、过程严管、损害严惩、责任严究的国家公园服务保护体系，切实保障片区生态环境持续优化。建立全省涉环境资源类案件集中管辖机制，明确市、州检察院所在地的基层院集中管辖本市、州辖区内所有涉环境资源类一审案件，省检察院矿区分院集中管辖全省范围内涉环境资源类二审案件并对相关基层院办案进行指导。推动省检察院林区分院机构重设及管辖调整，将原来的迭部林区检察院、白水江林区检察院整体搬迁至张掖市甘州区、天水市麦积区，在两个国家公园内分别设立祁连山林区检察院和白龙江林区检察院，扩大了管辖范围，整合了办案力量，统一了司法尺度，进一步加大了对国家公园甘肃片区生态环境资源的司法保护力度。

二、坚持综合履职，增强服务国家公园建设的系统性

将履职办案作为服务国家公园建设的基本途径，有效整合刑事、民事、行政、公益诉讼和执行等检察职能，用足惩治手段，用活保护政策，积极打造与濒危物种守护、生态环境保护、环境公益维护相适应的国家公园检察服务保障格局。依法严惩破坏环境、危害生态的各类刑事犯罪，重点打击盗伐滥伐林木、非法采矿、非法狩猎、非法猎捕杀害濒危野生动物、毁坏国家重点保护植物等犯罪，办理相关刑事案件 595 件、公益诉讼案件 1154 件。紧紧围绕国家公园及周边区域矿产资源、水资源、生物多样性、林业草原和湿地保护等领域侵害公益问题，督促整治辖区内生态环境 2000 余亩，回填采矿坑土方 5 万余立方米，补植各类苗木 40 余万株，有效挽回经济损失 629 万余元。针

对黄河及祁连山保护等重点问题专题研判、专班负责、专门督导，部署开展“祁连山自然保护区生态环境问题”专项监督活动，监督立案136件，办理公益诉讼案件950件，发出检察建议855件。组织开展环境保护刑事检察“百日大提升”行动，以中央环保督察线索为重点，对其中10件反复退查、不予起诉的案件挂牌督办。省检察院在最高检首届服务保障黄河国家战略检察论坛、全国湿地保护公益诉讼研讨会、甘肃省2023年河湖长制工作会议上作大会交流发言。

三、坚持积极履职，增强服务国家公园建设的实效性

深入践行个案办理、类案监督、系统治理的监督理念，积极推行“刑事打击+公益诉讼+警示教育+生态修复+综合治理”的办案模式，切实做好国家公园保护的“后半篇文章”。全省有9个市（州）检察机关与地方政府、行政机关、审判机关共建42个生态修复基地，通过异地补植，促进受损生态环境得到及时修复治理。武威市检察院建立“检察碳汇司法保护实践基地”，引入林业“碳汇”生态补偿机制，首期2.6万多亩的生态林已形成规模。按照“谁破坏、谁治理、谁恢复”的原则，监督侵权人作出书面修复承诺或向行政机关、审判机关缴纳修复保证金，督促侵权人在指定时间内履行生态修复义务，确保受损生态得到有效恢复。省检察院办理的某公司违法越界开采公益诉讼案，通过制发《法律意见书》支持行政机关与侵权人开展磋商，督促侵权人最终承担生态环境服务功能损失责任及5倍惩罚性赔偿即3651.64万元，该案被最高检评为生态环境和资源保护公益诉讼典型案例。祁连山林区检察院办理的谢某某祭祖失火致祁连山自然保护区林草资源受损公益诉讼案，因侵权人无力承担生态修复费用，探索提出由侵权人承担两年的林木修复管护责任，该做法被央视《今日说法》栏目报道宣传。

四、坚持创新履职，增强服务国家公园建设的前瞻性

部署开展“实践课题带动工作创新”活动，善于运用政治智慧、法治智慧、检察智慧，主动请示报告，积极沟通协调，加强“智慧借助”，勇于开拓创新，以全新思维推进服务国家公园建设理念、机制、举措创新。探索打造国家公园入口社区示范点，推动国家公园甘肃片区管理机构与园区内69个行政村签订保护协议，提升国家公园建设现代化法治化水平，助力国家公园新型生态系统治理体系建设。甘肃文县碧口镇李子坝村开展的“协议保护项目”建设大熊猫国家公园创新示范区入选生物多样性全球典型案例。探索推进矿权退出和生态移民司法保护长效机制，依法办理涉及国家公园基本农田、矿产等项目退出中的检察监督案件，督促两大国家公园甘肃片区内矿业权分类退出108宗、从核心区搬迁住户266户846人，助力生态保护、经济发展、民生改善协调发展。

五、坚持协同履职，增强服务国家公园建设的联动性

立足国家公园整体性保护实际，积极践行双赢多赢共赢理念，加强沟通联系，强化协同联动，在与相邻省市检察机关的协作配合、共治共管中实现最大化司法保护力量。甘肃省院首倡并牵头召开西北五省（区）六方检察机关第一次联席会议，围绕生态环保等6个方面，形成“兰州共识”，推动跨区域检察协作常态化。做好跨区域生态环境案件管辖、司法办案协作和工作沟通交流，探索建立甘陕川大熊猫国家公园协同保护机制，联合四川、青海省检察院建立黄河上游甘青川水源涵养区、祁连山生态环境保护司法共护协作机制；指导酒泉、张掖、定西、平凉等地检察机关与相邻省（区）检察机关建立黄河干支流、祁连山、六盘山、秦岭等生态保护司法协作机制，努力构建一体化、联动式、跨区域生态检察保护格局。甘南州检察机关成立“黄

河首曲”公益诉讼检察室，与青海、四川周边县市检察机关一体推动湿地保护和生态环境综合治理，协同推进若尔盖—甘南国家湿地公园建设。文县检察院依托协作机制联合办案，移送办理案件 13 件，对跨省境猎杀国家二级保护动物黑熊的违法犯罪行为提起刑事附带民事公益诉讼，并积极参与大熊猫国家公园甘陕川联合巡护行动，取得良好效果。

下一步，我们将认真学习贯彻本次会议精神，认真贯彻习近平生态文明思想，依法履职，着力构建行政执法与刑事司法、公益诉讼检察相衔接的国家公园协同保护大格局，努力为将国家公园建设成为生物多样性保护示范区、生态价值实现先行区和生态教育展示样板区贡献甘肃检察智慧和力量。

以高质效履职更好服务国家公园建设

查庆九*

建立国家公园体制是践行习近平生态文明思想的标志性举措，是生态文明建设领域的重大制度创新和实践创新，也是青海打造生态文明高地的扛鼎之举。习近平总书记对青海推进国家公园建设高度重视，强调青海“要在建立以国家公园为主体的自然保护地体系上走在前头”，这次莅临青海考察时，又再次强调“重中之重是把三江源这个‘中华水塔’守护好”，“加强以国家公园为主体的自然保护地体系建设”，“打造具有国家代表性和世界影响力的自然保护地典范”。

近年来，青海省委认真贯彻习近平总书记关于青海工作的重要指示精神，坚持生态保护优先，以打造生态文明高地为抓手，不断筑牢生态安全屏障。青海是全国首个国家公园体制试点省份，已建成的三江源国家公园是我国首批设园、面积最大的国家公园，目前正在加快推进祁连山国家公园、青海湖国家公园建设，青海成为全国唯一一个有三个国家公园在建的省份。生态环境保护已经成为全省共识和兴省之要，绿水青山已经成为青海的优势和骄傲。

近年来，青海省检察机关牢记习近平总书记殷切嘱托，认真落实省委和最高检工作部署，胸怀“国之大者”，坚持把生态环境保护作为检察履职优先方向，以高质效履职服务国家公园建设，助力打造生态文明高地。

* 查庆九，青海省人民检察院党组书记、检察长。

一、加强整体性部署

一是注重理念引领。坚持从政治上着眼、从法治上着力，在服务国家公园建设中践行生态优先、敢于监督、协同履职、依法履职理念，自觉以“三个延伸”不断优化服务国家公园建设质效（即对检察机关自身工作有无瑕疵延伸自省，对办案中发现有关部门履职不到位问题延伸监督，对案件中相关困难当事人延伸服务）。地处三江源腹地的果洛州达日县检察院探索创新“三江源·检察蓝”联动解纷工作法，将诉前多元化解矛盾纠纷融入解决草山争议、牧民越省界盗采国家保护植物等办案中，被中央政法委评为“枫桥式工作法”先进典型。二是优化考核指引。省检察院制定实施意见，优化考核指引，引导全省检察机关多办、办好生态环境类案件。2023 年，全省检察机关共起诉破坏环境资源犯罪 84 人；立案办理生态环境和资源保护领域公益诉讼案件 1419 件，同比上升 37.9%，占立案总数的 45.3%；近年来，共有 5 件案件被最高检评为典型案例。三是健全工作机制。省检察院先后出台常态化服务国家公园建设、打造生态文明高地、美丽中国先行区建设等 12 项专门意见，构建服务三江源国家公园、祁连山国家公园、青海湖国家公园等三个“检察一体化”协作圈，统筹服务国家公园建设各项工作。四是提升素质能力。省检察院依托“青检讲堂”，举办 7 期全省检察干警参加的学习青藏高原保护法、长江保护法等专题培训；围绕服务国家公园建设、保护长江黄河、生态环境公益诉讼巡回检察等主题，发布典型案例 35 件。通过带案带事带问题下沉指导、“菜单式”定向培训等多种方式，切实提升国家公园所在地检察机关办案质量水平。

二、开展创新性探索

发生在三江源、青海湖、祁连山南麓青海片区等国家公园园区内的水污染、自然环境和野生动植物资源破坏等问题，往往具有跨流域、跨地域、跨领域的“三跨”特征。比如，三江源地区不仅涉及青海所有市州，还跨省涉及毗邻的西藏、四川；不仅涉及生态环境部门，还涉及国土资源、水利、农业农村、乡村振兴等多个领域，检察机关以行政区划属地管辖为办案单元的传统模式，已不能适应日益复杂的生态环境保护治理的现实需要。鉴于此，青海检察机关立足国家法律监督机关的属性，积极创新与生态环境保护优先理念相契合、与服务国家公园建设相适应的重点生态功能区跨区域公益检察保护机制，自2022年2月以来，在三个国家公园所属的“一片”（三江源地区）、“一圈”（环青海湖地区）、“一线”（祁连山南麓青海片区）三个区域，开展生态环境公益诉讼巡回检察，探索以“属地检察＋巡回检察＋专项治理”方式有效解决河湖跨流域、地域跨区划、管理跨部门的“三跨”重点生态功能区生态环境保护突出问题的新路子。一是统筹办案力量。经最高检批准和青海省人大常委会决定，2021年12月，我们成立了专门管辖跨区域生态环境和资源保护领域公益诉讼案件的三江源地区检察院，省检察院抽调多名业务骨干加强三江源检察院办案力量，并在黄南、果洛、玉树等生态重点功能区基层院组建了办理环资类案件专业团队。目前，国家公园所在地检察机关共设立驻点检察室19个，对重点领域、重要地段生态环境保护开展常态化检察监督。二是开展巡回检察。依托三江源地区检察院，组建由省、州、县三级院业务骨干组成的生态环境公益诉讼巡回检察组，采用“定期＋机动”的方式，从2022年起至少每半年组织开展1次巡回检察。两年多来，相关市州检察机关在辖区内组织开展巡回检察146次，共摸排收集一批跨流域、跨地域公益损害案件线索437件，立案365件。三是加强线索报送。把收集上报相关线索信息作为国家公园所在地基层院一项日常职责，建立定期报送、联点直报等制度，对相关行政主管部门不履行自然资源、生态环境等行政管理职责，影响三江源等重点生态功能区生态修复的，由属地检察院直接向省检察院移送相关案件线索。

三、融入系统性治理

青海检察机关积极融入山水林田湖草沙一体化保护和系统性治理，助力维护国家公园生物多样性。一是加大办案力度。依法惩治非法捕捞青海湖裸鲤行为，推动建成青海湖裸鲤增殖放流基地，央视《今日说法》栏目专题介绍办案做法。2022 年 8 月，针对巡回检察时发现偷捕野牦牛用于与家养牦牛配种的案件线索，经串并发现三江源区域多地发生同类案件，被偷捕野牦牛数量较多，并涉及有关部门履职不到位和少数牦牛养殖企业不合规经营的问题。省检察院将该情况通报省农业农村厅、乡村振兴局等部门，并在全省部署开展“强化野牦牛公益司法保护”专项活动，活动期间共办理相关公益诉讼案件 13 件。三江源头检察机关针对辖区内频繁发生的“熊出没”问题，立案办理行政公益诉讼案件 58 件，推动省林长办出台治理“熊出没”问题 7 项措施，设立警示标识 86 块，健全完善应急预案 49 项，有效解决三江源地区人兽冲突问题。二是督促依法履职。结合案件办理，分析查找问题存在的深层次原因，通过制发检察建议，开展执检衔接、检地磋商等方式，推动有关行业领域行政主管部门切实履行法定职责，组织开展专项整治行动，集中解决一批突出问题。近年来，先后促请有关部门开展守护好我们的国家公园、守护好长江黄河青海流域健康安澜、助力长江青海流域治污治岸治渔工作等专项活动，共办理相关公益诉讼案件 3687 件。三是强化协作联动。省检察院与省直相关部门先后围绕国家公园建设、长江黄河保护、野生动物保护等重点领域工作建立公益诉讼检察与行政执法衔接机制，推动有关部门制定完善相关领域管理规范性文件 47 份，与西藏自治区检察院建立青藏高原生态公益司法保护协作机制。果洛州检察院与省内沿黄六市州检察院会签服务黄河青海流域生态保护和高质量发展协作意见，海南、海北州院建立青海湖生态环境与资源保护协作机制。省州县三级检察院协作联动，建成国内首个普氏原羚生命保护通道。

为国家公园建设提供高质效服务保障，是青海检察机关贯彻落实习近平总书记考察青海重要讲话精神、服务生态文明高地建设的重大政治责任。下一步，我们将坚持从政治上着眼、从法治上着力，把服务国家公园建设作为一项重大任务抓实抓好。一是全面履行法律监督职能，以“零容忍”的态度，坚决依法惩治各类破坏国家公园建设的犯罪，形成有力震慑。二是深化检察协作，加强与其他国家公园所在地检察机关的联系联动，实践共进、交流互鉴，进一步提升检察机关服务保障国家公园建设整体质效。三是加强行检协同，深化落实会商研判、线索移送、调查取证、信息共享等协作机制，进一步凝聚工作合力。我们将充分运用好这次研讨会成果，不断深化实践探索、完善工作机制，不断提高服务国家公园建设能力水平。

案例解读

ANLI JIEDU

为全面绿色转型
贡献公益诉讼检察力量

——最高检公益诉讼检察厅负责人就“高质效办好每一个公益诉讼案件　服务经济社会发展全面绿色转型”检察公益诉讼典型案例答记者问

2024 年 8 月 15 日是第二个全国生态日。最高人民检察院发布了“高质效办好每一个公益诉讼案件　服务经济社会发展全面绿色转型”检察公益诉讼典型案例。最高检公益诉讼检察厅厅长徐向春就相关问题回答了记者提问。

问：2023 年以来，生态环境和资源保护领域检察公益诉讼工作取得了哪些成效？

答：检察机关始终自觉把公益诉讼作为促进生态文明建设的重要法治手段，摆在突出位置进行谋划推进。2023 年 1 月至 2024 年 6 月，全国检察机关共办理生态环境和资源保护领域公益诉讼 11.7 万余件（其中行政公益诉讼 9.8 万余件、民事公益诉讼 1.9 万余件），有力推动解决一批突出生态环境问题，制度价值充分彰显。2023 年 10 月，十四届全国人大常委会第六次会议听取审议环境资源检察专项报告，给予充分肯定。

一是主动融入服务生态文明建设大局。最高检举办首届服务保障黄河国家战略检察论坛和检察机关服务保障长江经济带高质量发展研讨会，务实深化流域检察协作和执法司法协同，携手保护母亲河。会同水利部开展黄河流域水资源保护专项行动，沿黄检察机关办理水资源保护公益诉讼 670 余件，其他关联案件 700 余件，有力推动解决一批黄河流域节水控水突出问题。会同农业农村部开展“公益诉讼助力高标准农田建设”专项监督活动，深入排查整治项目选址不合规、质量不达标、建后管护不到位、建设资金流失等问题。指导新疆、兵团检察机关开展“乌—昌—石”大气污染防治公益诉讼专项监督活动，推动整治燃煤、工业、扬尘等污染问题。部署贯彻落实新修订的海洋环境保护法，助力海洋综合保护。

二是聚焦重点突出问题打攻坚战、持久战。最高检定期召开公益诉讼高质效百案点评会，发挥最高检、省级检察院直接办案的引领作用，集中力量推动解决一批老大难问题。长江流域港口众多，因船舶流动、监管分散、责任不清，船舶污染治理难。最高检直接以公益诉讼立案，长江经济带11省市检察机关同步办理关联案件602件。2024年4月，该案正式办结，有效推动完善长江船舶污染物接收转运处置设施、健全接收转运处置闭环监管流程、优化收费项目和价格、规范船舶建造修理拆解，促进多部门协同、全流域联动治理。最高检立案办理珠江流域水环境治理公益诉讼专案，聚焦矿业污染、城乡水污染、农业养殖污染、船舶污染、河湖“四乱”、水土保持监管、生态流量监管等问题加大办案力度，目前珠江流域检察机关已同步办理关联案件1080件，专案取得初步成效。

三是推动构建生态环境保护共建共治格局。主动衔接中央生态环境保护督察整改，发布检察公益诉讼协同推进中央生态环境保护督察整改典型案例10件。最高检会同国家林业和草原局制定协作意见，联合水利部指导黄河流域9省区检察院与黄河水利委员会会签水行政执法与检察公益诉讼协作机制实施细则。山东等15个省级检察院与生态环境等部门会签检察公益诉讼与生态环境损害赔偿衔接意见。全面推广“益心为公”志愿者检察云平台，依靠公众力量发现和解决环境公益损害问题。现已注册志愿者8.9万余名，提报案件线索2.7万余件，参与案件咨询、听证、跟踪观察等2.8万余件。坚持普法责任制，联合央视拍摄特别报道《长江船舶污染治理专案》上下集，5集纪录片

《守护黄河秀美安澜》。

问：发布本批典型案例的背景和主要考虑是什么？

答：十四届全国人民代表大会常务委员会第三次会议决定将8月15日设立为全国生态日。今年全国生态日的主题是“加快经济社会发展全面绿色转型”。党的十八大以来，在习近平生态文明思想指引下，我国生态环境保护发生历史性、转折性、全局性变化，生态文明建设取得举世瞩目的成就。党的二十届三中全会提出，聚焦建设美丽中国，加快经济社会发展全面绿色转型，健全生态环境治理体系，推进生态优先、节约集约、绿色低碳发展，促进人与自然和谐共生。《中共中央国务院关于加快经济社会发展全面绿色转型的意见》提出依法开展“生态环境和资源保护领域公益诉讼”。检察公益诉讼制度是习近平法治思想的标识性概念、原创性成果，在服务美丽中国建设、促进经济社会发展全面绿色转型方面发挥了重要作用。

在第二个全国生态日，最高检发布检察公益诉讼典型案例，旨在深入贯彻落实党的二十届三中全会精神和《中共中央国务院关于加快经济社会发展全面绿色转型的意见》部署要求，指导各级检察机关更加主动融入生态文明建设工作大局，通过高质效办好每一个公益诉讼案件，为美丽中国建设作出更多检察贡献。同时，也希望发挥以案释法、以案促教作用，增进社会各界对生态环境检察公益诉讼工作的关注与认同，为加快经济社会发展全面绿色转型营造良好社会氛围。

问：本批典型案例有何特点？

答：此次发布的典型案例共7件，均被最高检公益诉讼高质效百案点评会确认为代表性高质效案件，主要有以下特点：

一是案件覆盖领域广泛，涉及绿色转型多方面。《中共中央国务院关于加快经济社会发展全面绿色转型的意见》提出“将绿色转型的要求融入经济社会发展全局，全方位、全领域、全地域推进绿色转型”。本批案例涵盖水环境综合治理、固体废物污染防治、湿地资源保护、矿山恢复治理、自然保护区保护等领域，体现检察公益诉讼在保护生态环境、促进绿色发展方面的担当作为。贵州省毕节市拥有世界地质公园织金洞等喀斯特溶洞，检察机关针对十几处溶洞存在生活垃圾堆放、生活污水直排等问题推动相关部门联合整改，推动形成溶洞地区绿色生活方式，切实保护喀斯特溶洞水文自然遗产。内蒙古某煤业公司非法占用天然草原露天采矿，损毁天然草原6200余亩，长期未开展矿山地质环境恢复治理，当地政府未依法全面履职导致修复进展缓慢，针对提出检察建议后当地政府仍未依法全面履职的情形，检察机关依法提起行政公益诉讼，以“诉”的确认推动完成草原矿山地质环境修复。湖南检察机关全面调查洞庭湖区总磷超标水质不达标等突出问题，查明污染物排入的贡献度，准确认定侵权责任人和生态修复费用，依法支持地方政府对污染企业开展生态环境损害赔偿工作，推动解决水环境污染修复治理问题。

二是充分发挥一体化办案机制，推动解决重大复杂生态环境问题。检察一体化工作模式，是高质效办好有影响“硬骨头”案件的重要途径。本批7件案例中有5件运用了一体化办案机制，由上级院直接立案，统筹各级检察院人员成立办案组，一体分层开展监督，推动解决跨层级、跨区域等重大复杂生态环境问题。针对国家级自然保护区内长期存在违法开垦破坏湿地资源问题，且因自然保护区行政管理职能先后数次在不同层级行政机关间划转，黑龙江三级检察机关组成一体化专班办理该案，明确监管主体，督促依法全面履职，推动解决违法开垦的历史遗留问题。西藏检察机关依托一体化办案机制，自治区检察院和市级检察院分别监督相关行政机关依法履职，促进科学修复黑颈鹤国家级自然保护区受损土地。

三是深化以案促治，助推生态环境和资源保护高水平治理。生态环境治理是一项系统工程，需要统筹兼顾，推动局部与全局相协调、治标与治本相贯通、当前和长远相结合。检察机关依法服务生态文明建设，以司法办案促进生态环境综合治理、系统治理、源头治理。江西省宜春市锂矿资源丰富，锂电新能源企业众多，产生的固体废物锂渣数量巨大。针对非法倾倒废锂渣问题，检察机关依法查明非法处置废锂渣的产业链条，通过行政公益诉讼督促行政机关依法查处违法行为人，清运、处置废锂渣，消除生态环境危险，助推行政机关出台行业监管规范和建设专门锂渣消纳场，促进当地锂电新能源产业高质量发展。陕西跨行政区划检察机关针对清淤疏浚活动破坏多类生态敏感区问题，督促多个行政机关协同履职，清退违法占用的各类土地，并进行复垦和绿化修整，建立完善湿地监管平台和湿地违法活动整治工作方案，责令企业清理违建砂石堆料场，完善危废管理、扬尘防治等措施，促进秦岭、嘉陵江生态环境综合治理。

问：下一步，检察机关将采取哪些举措深入推进生态环境和资源保护领域公益诉讼工作？

答：我国生态文明建设仍处于压力叠加、负重前行的关键期。我们将深入学习贯彻习近平生态文明思想、习近平法治思想，持续加大生态环境检察公益诉讼办案力度，用最严格制度最严密法治保护生态环境，为建设人与自然和谐共生的美丽中国贡献力量。一是自觉融入生态文明建设重大部署。深入学习贯彻党的二十届三中全会精神，积极配合全国人大加快检察公益诉讼立法进程，构建更加完善的中国特色生态环境公益司法保护体系。立足公益诉讼检察职能，携手相关部门，努力为长江、黄河国家战略实施提供更优法治保障，服务打造绿色高地。聚焦重点区域、行业、领域生态环境突出问题加大公益诉讼检察力度，推动生态环境治理、绿色低碳发展等制度机制落实落地。加大对温室气体排放、高耗能高碳项目建设、破坏自然资源固碳功能等涉碳领域公益诉讼办案力度，协同推进降碳、减污、扩绿、增长。落实“检护民生”专项行动，依法解决群众身边的突出环境问题，深化检察公益诉讼助力高标准农田建设专项行动，推进城乡建设发展绿色转型。

二是精准规范开展生态环境公益诉讼检察工作。提升生态环境检察公益诉讼质效，坚持“高质效办好每一个案件”，以可诉性提升公益诉讼精准性和规范性。聚焦生态环境治理老大难问题攻坚，更加注重上下联动办理生态环境检察公益诉讼重大案件。出台细分领域工作指引，完善环境资源检察业务规则体系。依托国家重点生态功能区、重要江河湖库流域等，总结推广全流域、跨区划生态环境治理公益诉讼检察模式，完善区域检察协作机制。探索建立生态环境和资源保护细分领域公益诉讼立案标准、重大案件标准，推行案件办理繁简分流机制。坚持打击与修复兼顾、治罪与治理并重，因地因时制宜、分区分类施策，丰富替代性生态修复方式。

三是健全生态环境领域执法司法衔接联动机制。加强检察公益诉讼与行政执法衔接，推动落实信息资源共享、案件线索移送、配合调查取证等工作机制。推动建立生态环境损害赔偿与检察公益诉讼衔接机制，凝聚更强生态环境法治合力。联合水利部推进建设黄河流域检察公益诉讼协作指挥中心，适时发布水行政执法与检察公益诉讼协作典型案例。

四是深化生态环境检察公益诉讼能力建设。加强岗位练兵和业务实训，持续提升公益诉讼检察人员专业化履职水平。联合法院、公安、生态环境、水利等部门开展同堂培训，培养一批专家型业务人才。推进生态环境公益诉讼大数据监督模型的应用，批量发现类案监督线索。继续用好“益心为公”志愿者检察云平台，加强与科研机构、检验检测机构等合作，构建外部专家协作机制，依靠“智慧外脑”发现和解决环境损害专业性问题。

疑案精解：销售假冒奶瓶奶嘴行为的责任剖析

徐向春 *

一、广东省深圳市南山区人民检察院诉刘某销售假冒奶瓶奶嘴刑事附带民事公益诉讼案基本情况

（一）关键词

刑事附带民事公益诉讼　食品相关产品　惩罚性赔偿　综合履职

（二）要旨

针对销售明知是假冒注册商标且不符合食品安全国家标准的婴幼儿奶瓶奶嘴，严重危害婴幼儿等敏感群体合法权益的违法犯罪行为，检察机关提起刑事附带民事公益诉讼，依法提出惩罚性赔偿的诉讼请求，维护消费者合法权益和未成年人身体健康，同时依法平等保护各类市场主体，加大知识产权综合司法保护力度。

（三）基本案情

2020 年 2 月以来，刘某为牟取非法利益，在未获得权利人甲公司授权许可的情况下，通过网络向众多消费者销售假冒 A 品牌的奶瓶奶嘴，商品外观标有“A 品牌自然实感口径 PPSU 塑料奶瓶，不含双酚 A”。经查明，刘某通过网络销售上述假冒的 A 品牌奶瓶奶嘴共计人民币 177623.2 元。其中，涉案 PPSU 塑料奶瓶（不含奶嘴、玻璃奶瓶）的销售金额为人民币 45150.8 元。

---

* 徐向春，最高人民检察院公益诉讼检察厅厅长、一级高级检察官。

（四）调查和诉讼

2023 年 1 月 30 日，广东省深圳市南山区人民检察院（以下简称南山区院）依托一体化办案模式，启动知识产权刑事案件同步审查机制，在刘某涉嫌销售假冒注册商标的商品案中发现刘某侵犯消费者和未成年人合法权益的公益诉讼案件线索，于 2023 年 3 月 3 日立案调查。南山区院充分发挥“四检合一”综合履职优势，通过提前介入、制定调查计划引导公安机关同步进行刑事案件和公益诉讼案件的侦查取证工作，查清刘某明知其销售的商品是假冒注册商标、销售范围覆盖全国各地母婴店等基本事实。

为查明涉案婴幼儿专用商品是否对婴幼儿存在严重危害性，经依法委托司法鉴定中心对涉案奶瓶的材质和成分进行检测，查明涉案塑料奶瓶的主材质为聚碳酸酯。南山区院进一步调查发现，聚碳酸酯遇高温会分解出有毒物质双酚 A，对人体健康产生严重影响，不符合食品安全国家标准《食品接触用塑料树脂》（GB 4806.6—2016），违反原卫生部等六部门《关于禁止双酚 A 用于婴幼儿奶瓶的公告》中“禁止生产聚碳酸酯婴幼儿奶瓶和其他含双酚 A 的婴幼儿奶瓶”的规定，对不特定婴幼儿身体健康造成严重影响，严重侵害了社会公共利益。

2023 年 5 月 11 日，经依法公告后，南山区院针对刘某销售明知是假冒注册商标且不符合食品安全国家标准的婴幼儿专用商品，侵犯未成年人合法权益的行为依法提起刑事附带民事公益诉讼。南山区检察院认为，是否损害社会公共利益应当以是否存在对众多不特定消费者造成食品安全潜在风险为前提，不仅包括已经发生的损害，还包括有重大损害风险的情形。刘某明知其销售的奶瓶是假冒注册商标的商品，未向众多消费者真实、全面地提供产品的质量、性能等重要信息，其销售的商品既侵犯注册商标权益，也不符合食品安全国家标准，违反有关禁止性规定，严重危害婴幼儿身体健康，损害了社会公共利益，应当根据《中华人民共和国消费者权益保护法》第55条的规定，按照销售价款的3倍承担惩罚性赔偿责任。2023年9月20日，南山区人民法院作出一审判决，支持南山区检察院全部诉讼请求，以销售假冒注册商标的商品罪判处刘某10个月有期徒刑并处罚金，判决刘某承担公益损害赔偿金人民币135452.4元，并在国家级新闻媒体上公开赔礼道歉。目前判决已生效，人民法院已移送强制执行。

（五）典型意义

婴幼儿群体是国家法律规定需要特殊、优先保护的群体。销售假冒注册商标且含有有毒有害成分的婴幼儿专用商品，不仅扰乱市场经济秩序，还危害婴幼儿等未成年人身体健康，严重损害社会公共利益。检察机关坚持依法履职，通过探索“四检合一”，强化“四大检察”综合履职，对食品相关产品安全进行监督，严格把握公益损害认定标准，准确适用公共利益损害惩罚性赔偿，加大违法行为人的侵权成本，震慑违法犯罪。

二、对买假售假的行为如何判定

司法实践中，生产、销售伪劣产品的犯罪往往与侵害知识产权犯罪互相交织，对于制售伪劣产品与相关侵犯知识产权犯罪的定性，应当结合行为人具体的行为来认定。本案中，刘某售假行为，对A品牌的商标法益造成了侵害，涉嫌构成销售假冒注册商标的商品罪；其以聚碳酸酯奶瓶冒充PPSU奶瓶的行为，属于“以次充好”，同时涉嫌构成销售伪劣产品罪。由于刘某在本案中仅实施了一个销售行为，不涉及其他的生产行为，因此属于一个行为触犯数个罪名的想象竞合犯，应当从一重罪处罚。符合2011年最高法、最高检、公安部发布的《关于办理侵犯知识产权刑事案件适用法律若干问题的意见》第16条对于侵犯知识产权犯罪竞合的处理规定。本案中，经查明发现刘某销售假冒A品牌奶嘴、奶瓶的销售金额为17万余元，其中涉及的PPSU塑料奶瓶销售金额为4.5万余元。基于已有证据，销售假冒注册商标的商品罪的法定刑高于生产、销售伪劣商品罪，故应以销售假冒注册商标的商品罪定罪处罚。

三、如何理解“食品安全领域”

从党的十八届四中全会提出“探索建立检察机关提起公益诉讼制度”开始，经过授权试点先行，再到2017年全国人大常委会对《民事诉讼法》和《行政诉讼法》的修改，检察公益诉讼制度正式在全国推开，食品安全领域一直是检察机关发挥公益诉讼法律监督职能的重要领域。

《食品安全法》是“食品安全领域”涵盖范围的重要法律依据。《食品安全法》第2条关于本法适用范围，即是“食品安全”范围，包括食品生产、食品经营；食品添加剂的生产经营；用于食品的包装材料、容器、洗涤剂、消毒剂和用于食品生产经营的工具、设备等食品相关产品的生产经营；食品生产经营者使用食品添加剂、食品相关产品；食品的贮存和运输；对食品、食品添加剂、食品相关产品的安全管理等内容。《食品安全法》在第150条中将“食品安全”的含义规定为“食品无毒、无害，符合应当有的营养要求，对人体健康不造成任何急性、亚急性或者慢性危害”，强调了食品本身的安全无害。结合《食品安全法》第1条立法目的以及第2条适用范围，我们可以看出，食品本身的安全无害是《食品安全法》所保护的最终目标，对食品、食品添加剂、食品相关产品生产经营等各环节、全链条的规范性规定，是实现最终目标的重要路径，同样属于食品安全范畴。

检察机关对“食品安全领域”开展公益诉讼监督，也与《食品安全法》的适用范围相一致，不仅包括食品本身的安全，也包括食品添加剂、食品相关产品的安全，还包括对食品、食品添加剂、食品相关产品安全的行政监管的监督，这些都是公益诉讼检察的监督范围。司法实践中，全国检察机关在重点办理有毒、有害、不符合食品安全标准的食品案件基础上，还办理了一批涉及不合格外卖餐饮包装、不合格消毒餐具、不符合冷链运输规范和贮存条件、标签标识违法、虚假宣传等危害食品安全的公益诉讼案件，取得了良好的社会效果，切实保障了人民群众“舌尖上的安全”。本案涉及的 PPSU 塑料奶瓶属于婴幼儿食品容器，经鉴定其主要材质为不得用于生产婴幼儿专用食品接触材料的聚碳酸酯，存在危害婴幼儿身体健康的安全隐患，属于检察公益诉讼“食品安全领域”涵盖范围。本案的起诉获得了人民法院支持性判决，形成了司法共识。

四、如何认定“损害社会公共利益”

有观点认为，即便对于聚碳酸酯制成的奶瓶而言，使用时所分解出的双酚 A 也极其微量；该案并未产生实质性危害结果，办案机关无法证明刘某销售的 PPSU 塑料奶瓶对不特定婴幼儿的健康造成严重侵害。如何理解“损害社会公共利益”？该案是否属于民事公益诉讼的案件范围？

检察机关是国家的法律监督机关，也是保护国家利益和社会公共利益的重要力量，依照公益诉讼制度安排的价值考量，社会公共利益受损是检察机关提起民事公益诉讼的必要条件。需要注意的是，公共利益受到损害不仅包括已经造成损害的实然状态，也包括有重大损害风险的情形。从“治已病”到“治未病”，预防性公益诉讼的原则和理念已经落实到公益诉讼检察各领域的司法实践中，这在食品安全领域体现得非常典型。最高法《关于审理消费民事公益诉讼案件适用法律若干问题的解释》第 1 条即明确了“具有危及消费者人身、财产安全危险”同样属于“损害社会公共利益”的情形。最高法《关于审理食品安全民事纠纷案件适用法律若干问题的解释（一）》第 10 条亦以反向排除的方式明确了在食品安全相关案件中不要求造成实质性的人身损害后果。2021 年 3 月，最高检、最高法等七部门联合印发《探索建立食品安全民事公益诉讼惩罚性赔偿制度座谈会会议纪要》也同样明确了侵害众多消费者合法权益，损害社会公共利益应当以“不符合食品安全标准”为判断标准，“应当以是否存在对众多不特定消费者造成食品安全潜在风险为前提，不仅包括已经发生的损害，也包括有重大损害风险的情形”。

本案中，刘某销售的 PPSU 塑料奶瓶经鉴定确认为聚碳酸酯材质，依据原卫生部等六部门发布的《关于禁止双酚 A 用于婴幼儿奶瓶的公告》以及食品安全国家标准《食品接触用塑料树脂》的相关要求，聚碳酸酯以双酚 A 为原料，使用聚碳酸酯生产的婴幼儿奶瓶存在危害婴幼儿身体健康的安全隐患。刘某违反《食品安全法》《消费者权益保护法》等法律法规，销售假冒伪劣婴幼儿奶瓶的行为，具有潜在的危害风险，损害了社会公共利益，检察机关对此提起民事公益诉讼，无须证明其行为已经对具体婴幼儿的健康造成实质性的危害结果。

五、在民事公益诉讼中如何适用惩罚性赔偿

2019 年 5 月，中共中央、国务院印发的《关于深化改革加强食品安全工作的意见》提出了“探索建立食品安全民事公益诉讼惩罚性赔偿制度”的任务和要求。全国各级检察机关在办案实践中积极探索，办理了一批食品安全领域民事公益诉讼惩罚性赔偿案件。前述 2021 年 3 月出台的《探索建立食品安全民事公益诉讼惩罚性赔偿制度座谈会会议纪要》，明确了食品安全民事公益诉讼中惩罚性赔偿制度具有的“惩罚、遏制和预防严重不法行为”的功能定位，并提出了“根据侵权

人主观过错程度、违法次数和持续时间、受害人数、损害类型、经营状况、获利情况、财产状况、行政处罚和刑事处罚等因素，综合考虑是否提出惩罚性赔偿诉讼请求”的适用条件。本案中，刘某违反有关禁止性规定，销售假冒伪劣聚碳酸酯材质奶瓶的行为，从 2020 年 2 月开始一直持续至 2022 年 8 月案发，持续时间较长，且假冒伪劣奶瓶的销售金额达 4.5 万余元，销售金额较大，同时奶瓶的使用群体主要为婴幼儿群体，社会影响较为恶劣，综合上述因素，本案中检察机关可以提出惩罚性赔偿的诉讼请求。

关于公益诉讼惩罚性赔偿的计算基数与倍数问题，目前尚缺少明确的法律规定。从目前的司法实践情况来看，惩罚性赔偿的计算基数为最终流入市场的销售金额，惩罚性赔偿的倍数主要参照《食品安全法》和《消费者权益保护法》所规定的 10 倍或 3 倍的标准。但需要注意的是，前述两部法律旨在通过多倍的赔偿来激励消费者维权，是基于消费者个人权益受到侵害所设置的。检察机关提起公益诉讼，提出惩罚性赔偿具备一定的公法属性，不宜简单拘泥适用 10 倍或 3 倍的标准，而是应当坚持“过罚相当”的原则，根据案件的具体情况，综合统筹考虑来确定惩罚性赔偿金的数额。在综合统筹考虑的事项中，就包括对于惩罚性赔偿金和刑事罚金之间的协调适用的问题。罚金是刑事责任，而惩罚性赔偿则是民事责任，二者属性不同，不应直接折抵；但从惩罚性赔偿制度所体现的惩罚、遏制和预防严重不法行为的功能定位来看，其同时具有一定的公法责任性质，若该案的刑事部分适用罚金，在确定惩罚性赔偿诉讼请求金额时，应当统筹考虑。

六、该案如何定性

本案中，刘某在未获得甲公司授权许可的情况下，在网络平台注册网店，通过网络购买假冒甲公司旗下 A 品牌的奶嘴、奶瓶，后利用自己注册的网店对外销售。其中刘某所销售的PPSU塑料奶瓶经鉴定主要材质为聚碳酸酯，为不得用于生产婴幼儿专用食品接触材料及制品的成分。虽然刘某仅有一个销售的行为，但这一行为侵犯了多个法益。

在刑事法律责任方面，刘某同时构成销售假冒注册商标的商品罪和销售伪劣商品罪。依据相关的司法解释内容，应当以处罚较重的销售假冒注册商标的商品罪定罪处罚，需要根据刑法规定承担相应的刑事法律责任。

在民事法律责任方面，刘某销售假冒A品牌产品的行为，侵害了A品牌的注册商标专用权，甲公司可以依据商标法等相关规定，要求刘某承担相应的侵权责任。

在公益损害责任方面，刘某销售聚碳酸酯塑料奶瓶的行为违反法律规定，具有潜在的食品安全风险，侵害了众多消费者的合法权益，损害了社会公共利益，应当依据民事诉讼法、食品安全法和消费者权益保护法承担相应的公益损害责任。

七、如何充分发挥检察公益诉讼典型案例的作用和价值

检察公益诉讼典型案例具有鲜明的实践针对性和政策引导性，对于检察机关、审判机关、行政机关、社会公众如何更好地共同加强公益保护具有重要积极意义。本案作为食品安全领域检察公益诉讼的典型案例，其典型意义主要体现在检察机关准确地将食品相关产品纳入监督范围，严格把握公益损害认定标准，准确适用了食品安全领域的惩罚性赔偿制度，通过加大违法行为人的成本，有效震慑了违法犯罪的行为。

在司法实践中，对于不存在食品本身有毒、有害等情形，检察机关多是以行政公益诉讼的方式监督有关行政机关，通过行政机关依法

履行食品安全监管职责推动食品安全隐患的治理。本案通过直接提起刑事附带民事公益诉讼的方式，对食品相关产品不安全导致食品安全存在潜在损害风险进行了监督，并与人民法院形成司法共识，拓展了食品安全领域民事公益诉讼的监督视角。通过提出惩罚性赔偿诉讼请求，进一步体现了食品安全领域惩罚性赔偿制度在保护社会公益方面的积极作用。此外，本案通过提起刑事附带民事公益诉讼的方式，充分发挥检察机关“四大检察”一体履职的优势，有效节约了司法资源，也为统筹考虑违法行为人责任承担，落实“过罚相当”原则提供了有效途径。

工作研究

GONGZUO YANJIU

加强检察保障服务全面绿色转型 *

邱景辉 **

中共中央、国务院印发的《关于加快经济社会发展全面绿色转型的意见》(以下简称《意见》)，将加强法治保障作为组织实施的“压舱石”，从立法、执法、司法、守法环节明确了重点任务和具体措施。检察机关作为国家的法律监督机关、保障国家法律统一正确实施的司法机关、保护国家利益和社会公共利益的重要力量、国家监督体系的重要组成部分，充分发挥刑事、民事、行政、公益诉讼“四大检察”职能作用，为加快经济社会发展全面绿色转型提供检察保障，责任重大，使命光荣。

一、坚持改革与法治相统一，为美丽中国建设重点领域、新兴领域、涉外领域良法善治贡献检察力量

《意见》提出“加快推进生态环境法典和能源法、节约能源法、电力法、煤炭法、可再生能源法、循环经济促进法等法律法规制定修订工作，研究制定应对气候变化和碳达峰碳中和专项法律”。这些立法涉及全面深化改革、推动经济发展、完善社会治理、保障人民生活、维护国家安全，事关科技创新、生态文明、防范风险、新业态新模式健康发展和涉外法治，要坚持科学立法、民主立法、依法立法，高质量高效率地将党的主张、人民意愿转化为国家意志，以良法促善治。

检察机关立足监督保障国家法律统一正确实施的司法实践，推动

---

* 原文刊载于《检察日报》2024 年 8 月 15 日，第 7 版。

** 邱景辉，最高人民检察院公益诉讼检察厅副厅长、二级高级检察官。

解决造成国家和社会公共利益侵害或者有侵害危险的案件背后的制度缺失制度漏洞、职能交叉运行不畅、机制不健全管理不到位等深层次的治理问题，精准提出高质量的立法建议，有利于防止部门利益和地方保护主义法律化，有利于增强法律法规的及时性、系统性、针对性、有效性，提高法律法规的可执行性、可操作性。

例如，福建生态省建设25年重要成果，包括习近平生态文明思想“厦门实践”经验、长汀水土流失治理经验、三明集体林权制度改革探索，以及福建法检两院“林业碳汇”“蓝碳司法”实践、福建检察机关守护海岸线生态检察协作机制、武夷山国家公园生态保护法治教育基地、宁德“1+4+N”海洋检察工作模式等，多有检察公益诉讼参与创新实践，并积极推动将实践证明行之有效的改革经验和成果通过地方立法予以确认，为国家立法完善积累经验。

最高人民检察院专题发布检察机关服务保障碳达峰碳中和、服务国家公园建设、荒漠化防治、湿地保护等公益诉讼典型案例，会同最高人民法院联合发布海洋自然资源与生态环境等领域检察公益诉讼典型案例，会同生态环境部、自然资源部、水利部、农业农村部、国家林草局等建立执法司法协作机制，联合发布案例或者挂牌督办、同堂培训、信息共享，旨在更加注重系统性、整体性、协同性，更好地处理改革与法治的关系，发挥法律的引领、推动、规范和保障作用。

《意见》强调“落实民法典绿色原则，引导民事主体节约能源资源、保护生态环境。健全行政执法与刑事司法衔接机制。依法开展生态环境损害赔偿诉讼、生态环境和资源保护领域公益诉讼，完善生态环境损害赔偿和修复机制”。这是对“四大检察”融合履职提出新的更高要求。检察公益诉讼作为正在法治化、制度化进程中的一项重大改革举措，必须坚持改革和法治同步推进，增强改革的穿透力。

习近平总书记在党的十八届四中全会上作关于《中共中央关于全面推进依法治国若干重大问题的决定》的说明时强调，“探索建立检察机关提起公益诉讼制度……这项改革可以从建立督促起诉制度、完善检察建议工作机制等入手”。《民事诉讼法》第 58 条第 2 款明确规定检察机关可以支持法律规定的机关提起诉讼。民法典以及森林法、湿地保护法、长江保护法、黄河保护法、青藏高原生态保护法等一系列生态环境和资源保护立法，对生态环境损害赔偿诉讼作出专门规定。司法实践中迫切需要加强检察公益诉讼与生态环境损害赔偿诉讼这两项改革举措的衔接协同，以增强执法司法合力。

《法治中国建设规划（2020—2025 年）》对“完善公益诉讼法律制度，探索建立民事公益诉讼惩罚性赔偿制度”作出部署。《民法典》第 1232 条规定被侵权人有权请求相应的惩罚性赔偿，最高人民法院《关于审理生态环境侵权纠纷案件适用惩罚性赔偿的解释》明确规定，国家规定的机关或者法律规定的组织作为被侵权人代表请求判令侵权人承担惩罚性赔偿责任的可以参照处理。对于检察机关提起环境民事公益诉讼能否适用惩罚性赔偿，实践中存在争议。

对此，自 2023 年 9 月 1 日起施行的《内蒙古自治区建设我国北方重要生态安全屏障促进条例》第 95 条规定，“人民检察院应当督促、支持法律规定的其他国家机关对破坏生态环境和自然资源行为提起损害赔偿诉讼。人民检察院依法提起环境民事公益诉讼，可以提起惩罚性赔偿诉讼请求”。这对于贯彻落实《意见》的上述部署要求，具有示范意义。

二、坚持贯通监督，加强对全面绿色转型中招投标环节的风险防控

《意见》要求“建立健全绿色产品设计、采购、制造标准规范”，“优化政府绿色采购政策，拓展绿色产品采购范围和规模，适时将碳足迹要求纳入政府采购。引导企业执行绿色采购指南，鼓励有条件的

企业建立绿色供应链，带动上下游企业协同转型”。由此可见，政府绿色采购将持续拓展，相应的招投标监管问题甚至腐败风险需要强化监督。

党的二十届中央纪委三次全会明确提出，坚持个案查处与系统整治相结合，深化整治金融、国企、能源、烟草、医药、基建工程和招投标等权力集中、资金密集、资源富集领域的腐败。

国家发展改革委、工业和信息化部、住房和城乡建设部、交通运输部、水利部、农业农村部、商务部、市场监管总局联合出台的《招标投标领域公平竞争审查规则》自2024年5月1日起施行。其中规定，政策制定机关不得要求招标人依照本地区创新产品名单、优先采购产品名单等地方性扶持政策开展招标投标活动。

2024年5月2日出台的国务院办公厅《关于创新完善体制机制推动招标投标市场规范健康发展的意见》明确要求，完善招标投标行政监督部门向纪检监察机关、司法机关等移送线索的标准和程序，推动加大巡视巡察、审计监督力度，将损害国家利益或者社会公共利益行为的线索作为公益诉讼线索向检察机关移送，将串通投标情节严重行为的线索向公安机关移送，将党政机关、国有企事业单位、人民团体等单位公职人员利用职权谋取非法利益和受贿行为的线索向纪检监察机关移送。建立移送线索办理情况反馈机制，形成管理闭环。

检察机关有必要将全面绿色转型中的招投标治理，特别是《意见》中列举的“钢铁、有色、石化、化工、建材、造纸、印染等行业”的采购环节，纳入国有财产保护领域检察公益诉讼的工作重点，加强与刑事、民事、行政检察的衔接协同，充分利用大数据法律监督模型，有效惩治和预防串通招投标等刑事犯罪，及时发现并纠正民事、行政诉讼中涉及违法招投标损害国家利益或者社会公共利益的错误裁判和审判执行违法行为。同时，完善与其他机关衔接顺畅的协作机制，推动建立与公安、法院、纪检监察机关以及财政、审计、税务、市场监管等部门的信息共享、快速查办、线索移送、执法联动等工作机制，提升招投标腐败同查同治合力。

三、坚持诚信原则，强化对绿色金融的监管

防止绿色转型过程中的套色、变色、染色、褪色，需要严密的法治监督体系确保政策、标准、认证、产品、采购等流程和要素真正绿色，关键在驱动绿色转型的绿色金融坚持本色。

《意见》专门对“丰富绿色转型金融工具”提出具体要求，如“研究制定转型金融标准，为传统行业领域绿色低碳转型提供合理必要的金融支持。鼓励银行在合理评估风险基础上引导信贷资源绿色化配置”等。到2030年，“支持绿色发展的政策和标准体系更加完善”是《意见》明确的主要目标之一。

结合《意见》中关于“加强绿色产品认证与标识体系建设，完善能效、水效标识制度，建立产品碳足迹管理体系和产品碳标识认证制度”等规定，检察机关有必要在持续会同公安、生态环境部门保持对重点排污单位自动监测数据弄虚作假污染环境犯罪的高压严打态势的同时，强化对绿色产品和服务认证管理、认证机构监管的法律监督，并依据最高人民检察院《关于充分发挥检察职能作用 依法服务保障金融高质量发展的意见》，积极稳妥探索开展绿色金融领域检察公益诉讼。顺应“双碳”目标下环境、社会和公司治理“ESG”（Environmental，Social and Governance）评价体系等涉外法治建设需要，弘扬诚实守信的金融文化，结合信息披露和环境影响评价等机制探索预防性公益诉讼，重点加强“高能耗、高排放”项目投资风险防控。研发应用旨在惩治预防“漂绿”行为的绿色金融检察公益诉讼大数据法律监督模型，融合生态环境和资源保护、国有财产保护、金融证券领域检察公益诉讼业务，探索跨领域跨部门协同办案，跨环保、财税、

金融等专业统筹研究解决方案，努力保障国家支持绿色发展的政策和标准体系依法构建、运行，绿色转型金融工具在诚信环境中发挥应有的作用。

全面绿色转型的全方位、全领域、全地域，对检察保障的需求也将向着全系统、全链条、全过程不断拓展。立足法律监督本职，对照《意见》找准切入点和着力点，应当成为各级检察机关每位检察人员的必修课、基本功。

加强检察公益诉讼制度与香港澳门相关执法司法制度的衔接研究*

邱景辉**

2024年6月30日，习近平总书记在致深圳至中山跨江通道建成开通的贺信中强调，要提升粤港澳大湾区基础设施“硬联通”和规则机制“软联通”水平。

这为检察机关服务保障《粤港澳大湾区发展规划纲要》（以下简称《纲要》）关于“加快基础设施互联互通”“推进生态文明建设”“建设宜居宜业宜游的优质生活圈”“共建粤港澳合作发展平台”等部署要求的贯彻落实，注入了新动力。

2020年3月，最高人民检察院出台《关于充分履行检察职能依法服务和保障粤港澳大湾区建设的意见》以来，香港、澳门执法司法机构对“四大检察”越来越关注，与内地检察机关的合作意愿更加强烈。特别是2023年间，在与最高检党组书记、检察长应勇会见时，香港特别行政区廉政公署专员胡英明、终审法院首席法官张举能、律政司司长林定国和澳门特别行政区终审法院院长岑浩辉，均表示希望进一步加强与内地检察机关的交流合作、司法协助，澳门特别行政区廉政专员陈子劲、检察院检察长叶迅生还明确希望进一步加强与内地检察机关在检察公益诉讼方面的务实合作。

2024年3月，全国人大代表，香港工商总会会长、信义能源控股有限公司董事局主席李圣泼在全国两会期间提交了《关于加强内地检

---

* 原文刊载于《检察日报》2024年7月4日，第7版。

** 邱景辉，最高人民检察院公益诉讼检察厅副厅长、二级高级检察官。

察公益诉讼制度与香港相关执法司法制度衔接的建议》。全国人大代表，第七届澳门特别行政区立法会议员、民众建澳联盟主席施家伦在接受《检察日报》记者采访时，也建议“以公益诉讼创新协作助推横琴粤澳深度合作”。

2024 年 4 月，最高检党组副书记、常务副检察长童建明在广东调研时强调，要依托毗邻香港、澳门地理优势，依法办理涉港澳案件，进一步加强涉外法治理念研究，深化粤港、粤澳检察合作，推动规则机制衔接，推进检察涉外法治工作走在前列。

同月，最高检立案办理珠江流域水环境治理公益诉讼专案。最高检副检察长张雪樵强调以专案办理为契机，推动跨区域协同、多部门联动，服务保障珠江流域高质量发展和粤港澳大湾区国家战略。

同月，最高检公益诉讼检察厅厅长徐向春在广东珠海主持召开海洋公益诉讼检察工作调研座谈会，提出要在以检察履职服务和保障粤港澳大湾区建设中迈出新步伐、闯出新路子、展现新担当。

2024 年 5 月，最高检公益诉讼检察厅专程赴广州、珠海、深圳，就办理李圣泼、施家伦代表的建议开展专题调研。代表建议正在有序转化应用中。

一、深化粤港澳大湾区生态环境保护的执法司法协作

2017 年 7 月 1 日，《深化粤港澳合作　推进大湾区建设框架协议》在香港签署。同日，全国检察机关依据修改后的民事诉讼法和行政诉讼法，全面推行检察公益诉讼制度。7 年来，广东省检察院与广州、深圳、珠海、佛山、惠州、东莞、中山、江门、肇庆等“珠三角九市”检察机关紧紧围绕“绿色湾区”“美丽湾区”“健康湾区”建设，做好粤港澳大湾区的公益守护者。

广东检察机关正在总结九市检察机关之间或者与海事法院、行政

机关之间的生态环境保护执法司法协作机制成功经验的基础上，研究探索进一步开展滨海湿地跨境联合保护，共同推进深圳湾、米埔湾等美丽海湾建设，加强后海湾、大鹏湾等海湾综合治理，配套建立蓝碳交易等生态产品价值实现机制，不断深化粤港澳生态环境保护合作。

例如，深圳检察机关依托深圳和香港环保执法机构《加强深港环保合作协议》，借助双方建立的环境信息共享和突发环境事件通报等机制，积极参与《深圳贯彻落实〈粤港澳大湾区生态环境保护规划〉实施方案》中部署的珠江口邻近海域联合治理、深港深圳湾河海联合共治等涉海工作。深圳市福田区检察院起诉的督促履行红树林自然保护区监管职责行政公益诉讼案，创新了被告履行职责后提出申请，经检察机关、审判机关确认公共利益得到有效保护后终结诉讼的裁判规则，彰显了检察公益诉讼高质效促进依法行政的制度优越性。为服务保障“国际红树林中心”建设而建立的红树林湿地保护检察联盟，期待与香港相关执法司法机构对接。

广州检察机关与广州市交通规划研究院有限公司、广州碳排放权交易中心有限公司签署《关于建立自然资源领域生态产品价值实现机制司法协作平台的合作协议》，旨在促进认购碳汇替代性生态修复模式在公益诉讼案件中规范化、常态化运用。下一步，将参照国际通行的政府间气候变化专门委员会（IPCC）公布的有关规则关于计入我国温室气体排放清单及对全球的减排贡献的碳汇规定，以及可用于交易的海洋碳汇的严格范围限制和技术要求，对海洋碳汇项目纳入自愿减排交易机制的具体项目类型和可行路径进行深入研究，充分发挥市场机制在控制和减少温室气体排放、实现我国“双碳”目标中的重要作用。

珠海检察机关牵头建立了中华白海豚保护检察联盟，在《守护中华白海豚　维护生物多样性》检察倡议书中明确提出“团结港澳同胞和台湾同胞，共同绘就人与自然和谐共生的美好画卷，为美丽中国建设贡献检察智慧和力量！”珠海市斗门区检察院通过办理检察公益诉讼案协助地方政府出台《白蕉海鲈地理标志产品保护管理办法》，对于优化提升海洋渔业具有示范意义。

二、加强对香港澳门公益保护相关法律的比较研究

曾经参加过香港廉政公署总调查主任课程研修班的“益心为公”志愿者纪皓，专门整理了《香港公益诉讼相关领域法例概述》，为内地检察机关加强与香港律政司、廉政公署、环保署、食物安全专家委员会、私隐专员公署、平等机会委员会、竞争事务委员会、职业安全健康局等执法司法机构的沟通协作提供了参考依据。

正在澳门大学攻读国际商事仲裁法博士的“益心为公”志愿者许可，专门整理了《澳门公益诉讼相关领域法律法规概述》。2024 年 6 月 14 日，《粤港澳应急管理合作暨大湾区应急救援行动合作框架协议》签署仪式在香港举行，下一步将协同制定实施《粤港澳大湾区应急救援行动方案》，加强区域应急协调联动；进一步落实交流互鉴，在城市搜救、灭火救援、山岳水域救援、危化品救援、航空应急救援等领域开展全方位交流合作。许可及时推送了《楼宇及场地防火安全的法律制度》（澳门特别行政区第 15/2021 号法律），对内地检察机关研究探索消防安全领域预防性公益诉讼，特别是追究物业责任方面的监督办案，以及加强粤港澳大湾区应急管理领域的执法司法协作，具有借鉴意义。

广东检察机关依托最高检设立的检察理论研究所法治前海研究基地、前海知识产权检察研究院以及中国与葡萄牙语国家检察交流合作基地等研究机构，正在加强对香港澳门公益保护相关法律的比较研究。最高检公益诉讼检察厅以广东检察机关业务骨干为主要力量建立的反电信网络诈骗和个人信息保护研究小组、金融证券领域检察公益诉讼

研究小组，也正在抓紧开展相关比较研究，为下一步开展粤港澳检察公益诉讼制度与相关执法司法制度衔接做好准备。

三、以服务保障粤港澳联合举办全运会、残运会、特奥会为契机，探索开展大湾区无障碍环境建设等领域公益诉讼衔接协作

第十五届全国运动会和全国第十二届残疾人运动会暨第九届特殊奥林匹克运动会将于2025年在广东、香港、澳门三地举办。借鉴北京冬（残）奥会和杭州亚（残）运会整体推进无障碍城市建设的成功经验，广东省检察院正在研究部署因地制宜、顺势而为开展服务保障全运会、残运会、特奥会的无障碍环境建设检察公益诉讼。

针对此次承办比赛的场馆中约90%为现有场馆的节俭办赛实际，最高检公益诉讼检察厅和清华大学无障碍发展研究院在广东调研期间，专门考察了将承办残运会、特奥会网球项目比赛的横琴国际网球中心，建议加强对比赛场馆改建工程无障碍设施规划设计环节的同步监督，确保符合国际标准，既高质量保障比赛使用，又方便残疾人、老年人等特定群体平常使用，实现“平赛”两用。

调研组还与北京师范大学香港浸会大学联合国际学院专家学者、澳门居民和学生代表等座谈交流，围绕对接香港平等机会委员会负责监督《性别歧视条例》《残疾歧视条例》等反歧视法例的实施和执行机制，加强妇女权益保障、无障碍环境建设公益诉讼衔接协作，以及拓展“检察护企”“检护民生”案件范围，加快推进“澳门新街坊”建设，对接澳门教育、医疗、社会服务等民生公共服务和社会保障体系，探讨合作方式和路径。借此机会，以法治保障支持探索“一事三地、一策三地、一规三地”在体育强国建设方面的改革创新，促进文体旅商融合发展，加快大湾区一体化进程。

一方面，结合贯彻执行体育法、突发事件应对法等相关法律，加强安全生产、公共安全等领域检察公益诉讼与香港澳门相关执法司法制度的衔接协作。特别是在联合举办体育赛事、文旅活动时确保安全，配备灭火器、AED等应急救援设备、设施和专业力量，及时有效应对突发事件。

另一方面，在监督保障无障碍环境建设法统一正确实施过程中，用足用好《深圳经济特区无障碍城市建设条例》《珠海经济特区无障碍城市建设条例》等地方立法，支持残疾人联合会、妇女联合会、共青团等群体组织充分发挥作用，依靠更加有序有效的社会公众参与，共同创建以无歧视、无障碍为重要标志的，基础设施与人文交流互联互通的，宜居宜业宜游的优质生活圈。

在此基础上，应不断拓展深化粤港澳执法司法协作，推动高质量高水平的"硬联通""软联通"，促进人员流、物资流、资金流、信息流高效便捷流动，助力不断健全粤港澳共商共建共管共享的新体制，支持香港澳门更好融入国家发展大局，为"一国两制"实践行稳致远注入新动能。

检察公益诉讼法的立法定位

曹　鎏*

全国人大常委会2024年度立法工作计划将检察公益诉讼法列为预备审议项目。党的十八届四中全会以来，检察公益诉讼制度从顶层设计到实践落地，从局部试点到全面推开，从初创开拓到发展完善，已经成为新时代检察工作创新发展的重要方面，是法治领域的一项重大改革举措。厘清检察公益诉讼法的定位是实现科学立法的逻辑起点，直接决定了该法的立法模式、思路及内容选择等问题。

检察公益诉讼法展现我国公权力运行的政治优势和制度优势，顺应检察公益诉讼事业高质量发展的需要，反映新时代检察权的运行规律。实践表明，检察机关通过行使宪法所赋予的法律监督权，在法治轨道上开展工作，实现对公共利益的保护，切实解决老百姓关心的急难愁盼问题。在我国，国家一切权力属于人民，实现人民当家作主的基本方式和途径是人民代表大会制度。国家机构由人民代表大会选举产生，行政机关代表公共利益依法履职，作为法律监督机关，检察机关通过公益诉讼对行政机关是否依法履职进行监督，切实保护公共利益，实现了行政机关、法院和检察院在公共利益保护领域的监督制约闭环。开展检察公益诉讼，不是检察机关“大包大揽”、代行其他部门职权，而是检察机关立足法律监督职能，推动相关行政机关等依法各司其职、协作联动，在公益保护领域实现党领导下的行政机关、检察机关、司法机关互相配合互相制约，彰显中国特色社会主义制度的

* 曹鎏，最高人民检察院公益诉讼检察厅副厅长（挂职），中国政法大学教授、博士生导师。

优越性。

实践中，检察机关把审前定位为实现保护公益目的作为最主要阶段，不局限于审判程序，着力推动行政机关自我纠错、依法行政。审前程序是检察机关提起公益诉讼的必经前置程序，具有独立的督促履职功能和独特的程序价值。检察机关坚持审前监督与提起诉讼相衔接，以审前督促行政机关自我纠错为优先目标，开展磋商、发布检察建议等构成检察机关办理公益诉讼的主要办案方式及有效结案形式，展现了检察公益诉讼以审前程序作为办案主阵地的特有属性。检察权对违法行为的监督以嵌入诉讼程序的方式作为保障，能够发挥人民法院和人民检察院作为司法机关的权威性优势。依托于诉讼程序作为检察公益诉讼监督的“压舱石”，既能够增强起诉前检察建议的监督刚性，又能倒逼审前程序成为公益诉讼监督的“主战场”。检察公益诉讼是治理之诉而非对抗之诉，坚持双赢多赢共赢理念，充分展现了行政权、司法权和检察权互相配合、互相制约的制度优势。

检察公益诉讼法是明显区别于民事诉讼法、行政诉讼法、刑事诉讼法的诉讼监督法，属于独立的诉讼形态。基于诉讼原理，根据诉讼标的性质的不同，可以将诉讼划分为主观诉讼与客观诉讼，前者以个人拥有“法律上的利益”为前提，即当事人必须是具体权益受到侵害的利害关系人；后者则不存在真正的利益主体，有权提起诉讼的主体往往是法律特别授权的公益代表。我国检察机关不是法律意义上的利害关系人，其以宪法和法律所赋予的法律监督机关的身份提起公益诉讼、参加相关诉讼活动，是其法律监督职责的履行，并非救济权利的行使。检察公益诉讼是在诉讼目的、诉讼主体、审理程序、审查内容和裁判方式上区别于主观诉讼的私益诉讼，由此形成的诉讼法律关系，本质上是通过诉讼方式履行监督职责、维护客观法秩序的统一，进而修复被损害的公共利益或者规制公共利益被损害的风险。故检察公益诉讼的逻辑构造，要跳出传统民事诉讼法和行政诉讼法有关私益救济逻辑的思维定式，在尊重检察监督运行规律基础上，以保障检察监督权全面依法行使为主线，确保监督权高质效开展。检察公益诉讼制度既要遵守各类诉讼制度的基本运行规律，又要有独特的实体规则和程序规则，不能简单照搬民事和行政诉讼制度。检察公益诉讼法应是兼具实体与程序规则，融汇民事公益诉讼、行政公益诉讼和刑事附带民事公益诉讼的领域法，而非部门法，要避免落入部门法窠臼，并处理好其与民事诉讼法、行政诉讼法和刑事诉讼法的衔接关系问题。

检察公益诉讼法是检察机关履行法律监督职责的“行为法”和“程序法”，具有很强的公法属性。公益诉讼检察制度源于检察机关属于法律监督机关的宪法定位。检察公益诉讼是人民检察院基于宪法所赋予的法律监督职能在公益保护领域的延伸。此种法律监督权，它不是发起审判环节、附属于审判权的主观诉权，而是代表国家就违法造成公共利益受到损害进行调查、纠问、监督等的客观强制权，本质上是公权。相比于传统检察职能，检察公益诉讼涉及各项检察监督工作中更带有“主动性”的诉讼职能，检察机关能够通过自身能动性的充分发挥，更好地维护公共利益。而保持程序上的优势地位是实现法律监督目标的关键，且在公益诉讼的不同阶段有不同的表现形式。在审前程序中，检察机关处于主导地位，对违法状态、其引发的公益受损情况以及违法主体是否整改到位具有法定判断权；进入诉讼阶段后，基于公权力机关之间互相配合、互相制约的原则，人民法院、人民检察院在诉讼监督构造中具有平等法律地位，此时检察机关的角色定位本质上是与刑事诉讼中检察机关作为公诉人的逻辑机理是一致的。实践中，检察机关应当将个案监督与类案监督、穿透式监督、系统治理相结合，运用检察建议、专题报告、白皮书等方式，向有关单位提出监督纠正、堵塞漏洞、建章立制的检察建议，实现“治已病”和“治未病”的一体推进，彰显检察公益诉讼在推动国家治理体系和治理能力现代化中的制度价值。

高质效办好每一个公益诉讼案件
服务经济社会发展全面绿色转型

易小斌*

习近平总书记指出，保护生态环境必须依靠制度、依靠法治。伴随生态文明建设从理论到实践发生历史性、转折性、全局性变化，生态环境公益诉讼检察应运而生、快速发展，公益保护“中国方案”制度价值充分显现，成为生态环境治理体系中的一支重要力量。党的二十届三中全会强调“推进生态优先、节约集约、绿色低碳发展”，对深化生态文明体制改革提出明确要求。2024年7月31日，中共中央、国务院出台《关于加快经济社会发展全面绿色转型的意见》，在国家层面首次对加快经济社会发展全面绿色转型进行系统部署，要求依法开展生态环境和资源保护领域公益诉讼。2024年，全国生态日主题也确定为“促进经济社会发展全面绿色转型”。面对新部署新要求，公益诉讼检察应当更加精准融入生态文明建设大局，高质效办好每一起案件，服务全方位、全领域、全地域推进绿色转型，促进人与自然和谐共生。

一、突出精准性，准确把握履职重点

当前，我国经济社会发展已进入加快绿色化、低碳化的高质量发展阶段，生态文明建设仍处于压力叠加期、负重前行的关键期。生态环境公益诉讼检察办案领域由环境污染防治延伸拓展到生态系统保护和碳排放控制，办案重点也有新变化新要求。一是落实绿色低碳发展新部署。

---

* 易小斌，最高人民检察院公益诉讼检察厅主办检察官、三级高级检察官。

生态环境问题归根结底是发展方式问题，从根本上解决生态环境问题，必须加快发展方式绿色低碳转型。要围绕绿色低碳发展高质量发展空间格局、加快产业结构绿色低碳发展、稳妥推进能源绿色低碳转型、推进交通运输绿色转型、推进城乡建设发展绿色转型等重点工作部署，加大公益诉讼检察力度。比如，深入推进高标准农田建设、生态系统保护和修复重大工程、国家公园建设、海洋生态环境保护等领域公益诉讼，严守耕地红线和生态保护红线。结合国家重大区域发展战略，因地制宜开展专项监督，服务打造绿色发展高地。持续深入打好污染防治攻坚战的同时，深化落实国家适应气候变化战略，加大对温室气体排放、高耗能高碳排放项目建设、能源产供储销等领域问题的办案力度，助推减污降碳协同增效。二是回应群众对美好环境新期待。加大“三农”领域办案力度，推动解决农业面源污染、农村生活污水排放、饮用水源地污染等问题，改善农村人居环境，服务农业农村绿色发展。深化“检护民生”专项行动，下大力气解决老百姓“家门口”的噪声、油烟、恶臭等问题。针对大宗固废处置、产品绿色包装、动力电池回收利用、汽车维修拆解等行业问题，积极稳妥开展公益诉讼，促进绿色生活方式转型。三是聚焦生态环境系统治理难题。党的二十大强调，要坚持山水林田湖草沙一体化保护和系统治理。习近平总书记在 2023 年全国生态环境保护大会上指出，我们从解决突出生态环境问题入手，注重点面结合、标本兼治，实现由重点整治到系统治理的重大转变。新阶段生态环境保护更加注重系统性、整体性和协同性。公益诉讼检察应当聚焦生态环境系统治理问题打攻坚战。最典型的就是江河湖库流域治理和行业性污染治理，表现为区域、部门、法律协同不足问题。要加大最高检、省级检察院自办案件力度，发挥其监督层级优势、管辖范围优势和统筹协调优势，推动不同地区、不同层级、不同部门统一采取行动和措施，助推生态环境一体保护和系统治理。

二、强化规范性，巩固提升办案质效

历经十年探索实践，公益诉讼检察制度日益成熟，迈入高质量发展阶段，在加快推进专门立法的新形势下，要把“有质量的数量”和“有数量的质量”统筹在更加注重质量上。生态环境和资源保护是最初确定的四个法定领域之一，也是案件数量占比最高，社会影响力最大的领域，应当发挥高质效办案的引领作用。一是把好案件入口关。准确把握“公益受损”和“行为违法”两个条件，探索建立生态环境公益诉讼立案标准体系，严守检察权与行政权、公益与私益的边界，保持审慎谦抑，防止立案不当。良好的生态环境是最公平的公共产品，环境污染、生态破坏一般都可以认定为公益受损，但不宜对行政机关内部管理行为、监管制度不完善等问题立案。比如，针对绿化单位违法取用地下水问题，应当监督负有监管职责的水利部门，而非园林管理部门。对于同期同批同类违法问题，作为一个案件立案，已经立案的，可以并案处理。某县检察院针对辖区内多个乡镇存在的生活垃圾违规堆放、处置问题立案，有效推动全面整治和收集转运处置体系完善。二是把好调查取证关。生态环境公益诉讼案件涉及的细分领域多、专业问题多，部分案件现场地处偏远且违法行为较为隐蔽，违法事实的示明、因果关系的判断、环境公益损害的量化评估等难度高。实践中还存在调查取证不全面，综合运用调查取证手段不足等问题。比如，有的检察院办理固废污染环境案中，现场勘查简单化，固废种类、数量、影响范围等事项认定不明确，影响检察建议精准性。要强化调查意识和科技赋能意识，从一开始就按照起诉标准全面收集固定证据，做到事实清楚、证据充分。通过院领导直接办案、法警参与调查、争取主管部门支持等方式，破除调查取证阻力。针对生态环境损害鉴定难问题，充分运用专家意见、专业机构和行政机关意见等，结合其他证据依法认定事实，为司法鉴定提供替代方案。提高调查取证规范性，严格按照法定程序收集固定证据，及时核查弥补证据瑕疵，确保证据效力。三是把好程序适用关。准确适用磋商和检察建议程序，对生态环境损害严重、整改难度大、行政机关长期未依法履职的案件，严格依法提出检察建议，防止磋商程序滥用，甚至反复磋商影响公益诉讼履职的法定性、程序性和严肃性。对于涉及多个行政机关职责的案件，优先向主责部门制发检察建议，可以采取磋商、圆桌会议等方式督促其他部门协同履职；确有必要的，可以向多个行政机关制发检察建议。规范公益诉讼检察建议制发程序、形式标准、事实证据等要求，做到公益损害事实清楚、行政监管职责明确、建议事项精准具体。检察建议不宜对行政机关可以裁量适用的处理手段作出限定，防止产生越权嫌疑。四是把好结案审查关。加强对行政机关审前整改情况的调查核实，对涉及疑难复杂的生态环境问题，可以采取第三方评估、公开听证等方式，提高评判结果的公信力。行政机关逾期未整改的，要敢于提起诉讼，以诉的确认体现司法价值引领；对于因客观原因导致无法按期完成整改，确有必要延长期限的，严格履行内部审批程序，防止仓促结案导致“案结事未了”。注意对裁判执行的跟进监督，探索完善法院、检察院、行政机关在生态环境修复执行中的协作配合机制，最大限度保护生态环境。个案办结后，注重总结剖析生态环境普遍性、根源性问题，推动行业、领域系统治理。

三、注重协同性，凝聚环境法治合力

生态环境保护是系统工程。要树立一盘棋思维，加强检察机关内外协同配合，以公益诉讼检察履职推动生态文明法律制度体系有效衔接，齐奏生态环境保护“大合唱”。一是构建“公益诉讼＋刑事”检察一体履职模式。生态环境领域法定罪名多，民事、行政、刑事责任具有竞合性，加强公益诉讼检察、刑事检察一体履职，有利于全面准确打击违法犯罪行为，形成法治震慑。要优化双向线索移送机制，更加注重发挥公益诉讼检察主动性职能作用，挖掘移送公益受损背后的涉嫌犯罪线索，启动刑事立案监督程序，依法追究违法行为主体刑事、民事责任。强化同步介入机制，重大生态环境损害问题，可以跨部门联合成立办案团队，统一开展线索核查以及调查工作，引导公安机关开展侦查以及刑事案件证据转换等协作。完善庭审协作机制，公益诉讼起诉人围绕诉讼请求，重点对附带民事公益诉讼的特有程序性、实体性事实进行举证、质证，发表出庭意见；对刑事公诉人已经出示的证据不再重复举证，确有必要的可以简要说明证明目的。二是协同推进中央生态环境保护督察整改。督察整改工作党政同责，行政机关整改责任压得很实，检察机关应审慎把握行政公益诉讼立案条件，对行政机关已经或正在履行职责的，不宜直接立案。实践中，有的基层检察院也存在跟进监督不够、举一反三意识不强等问题。要重点聚焦逾期未整改、虚假整改，多部门衔接不畅、区域联动不足导致整改进展缓慢，以及督察反映的同类问题等加大行政公益诉讼力度。针对重停止侵害、轻追求生态环境损害责任问题，依法提起民事公益诉讼，防止“企业污染、群众受害、政府买单”。同时，推动健全完善督察线索日常移送机制，探索开展联合督办和“回头看”等活动，助推督察整改落到实处。三是健全与生态环境损害赔偿衔接。推动落实信息资源共享、案件线索移送、调查取证配合等工作机制。尊重生态环境损害赔偿磋商优先，符合条件的，检察机关可以督促提醒赔偿权利人及其指定的部门、机构及时启动磋商程序或起诉，并对有关工作环节进行跟进、支持和监督。生态环境损害赔偿磋商程序未及时启动，或磋商不成又未及时提起诉讼的，检察机关可以提起民事公益诉讼。发现新的或遗漏生态环境损害行为的，检察机关、生态环境等部门可协商启动生态环境损害赔偿磋商或提起民事公益诉讼。生态环境损害赔偿协议、诉讼请求未能覆盖受损社会公共利益的，检察机关应当提示纠正或提起民事公益诉讼。

论反垄断行政公益诉讼制度的构建

刘家璞　王雅琪[*]

一、引言

2022年，党的二十大报告中明确要求“加强反垄断和反不正当竞争，破除地方保护和行政性垄断，依法规范和引导资本健康发展”，[①]反垄断法在我国的关注度和地位日益提高。同年修改后的《中华人民共和国反垄断法》（以下简称《反垄断法》）在传统的反垄断公共实施（行政执法）和私人实施（私益诉讼）之外，[②]新增了反垄断领域的检察公益诉讼制度。最高人民检察院公益诉讼检察厅对此高度重视，第一时间印发了《关于贯彻执行〈中华人民共和国反垄断法〉积极稳妥开展反垄断领域公益诉讼检察工作的通知》，要求各地积极稳妥地开展反垄断领域检察工作。不过，鉴于新增制度的立法不足以及反垄断的专业性特征，使得反垄断民事公益诉讼的实践步履维艰，亟待更进一步的立法指引或另辟蹊径。

本文认为，基于检察公益诉讼本身的特点和实践经验，在反垄断领域行政公益诉讼可能比民事公益诉讼更具优势和可操作性，故本文拟提出的问题破解路径是反垄断行政公益诉讼的探索。需要说明的是，

---

* 刘家璞，最高人民检察院公益诉讼检察厅主办检察官、二级高级检察官；王雅琪，上海交通大学凯原法学院硕士研究生。

① 习近平：《高举中国特色社会主义伟大旗帜 为全面建设社会主义现代化国家而团结奋斗——在中国共产党第二十次全国代表大会上的报告》，载中国政府官网，https://www.gov.cn/xinwen/2022-10/25/content_5721685.htm，2024年7月10日访问。

② 参见王健：《中国反垄断法应确立二元执行体制》，载《法治研究》2007年第5期。

检察行政公益诉讼的适用范围本身就具有开放性。依据《中华人民共和国行政诉讼法》（以下简称《行政诉讼法》）第25条第4款[①]规定，公益诉讼的适用范围有“等”作为托底；《法治中国建设规划（2020—2025年）》明确要求“拓展公益诉讼案件范围，完善公益诉讼法律制度”；《中共中央关于加强新时代检察机关法律监督工作的意见》提出要“积极稳妥拓展公益诉讼案件范围”，探索办理领域中亦有“等”作为兜底。由此，在严格研判公益诉讼介入必要性的前提下，在反垄断领域展开行政公益诉讼的探索具备合理性，有助于协助反垄断执法机构共同捍卫公平有序的市场竞争环境，使得检察公益诉讼制度在反垄断领域发挥更好作用。

二、当下反垄断民事公益诉讼的困境与挑战

依据《反垄断法》第60条第2款规定：“经营者实施垄断行为，损害社会公共利益的，设区的市级以上人民检察院可以依法向人民法院提起民事公益诉讼。”可见，在反垄断领域，我国现行法仅明确新增了民事公益诉讼的救济途径，但由于该新增条款过于简单、抽象，以及反垄断领域对于办案人员专业能力的更高要求，其在实践适用中面临诸多问题。

（一）立法不足引发的实践困境

从制度层面看，我国新建立的反垄断民事公益诉讼制度法条设计

---

①《中华人民共和国行政诉讼法》第25条第4款规定：人民检察院在履行职责中发现生态环境和资源保护、食品药品安全、国有财产保护、国有土地使用权出让等领域负有监督管理职责的行政机关违法行使职权或者不作为，致使国家利益或者社会公共利益受到侵害的，应当向行政机关提出检察建议，督促其依法履行职责。行政机关不依法履行职责的，人民检察院依法向人民法院提起诉讼。

简单，仅有公示性授权，而无相关配套程序的跟进与衔接，立法不足使得各地检察机关办案时陷入实践困境。

2024 年 4 月 15 日，为进一步提高反垄断公益诉讼办案的规范性、精准性，最高人民检察院组织召开了反垄断领域公益诉讼专家咨询会（以下简称 415 咨询会），北京、天津、上海等已有反垄断公益诉讼案件的 13 省（市）公益诉讼部门参会。咨询会上，各地检察机关共汇报了 13 份案例，就办案中的疑难点问题合计提出了 37 项咨询意见，除去个案的具体咨询，其余大部分都聚焦于制度本身的共性问题。

如图 1 所示，在 415 咨询会的所有咨询意见中，立案类相关问题的比例最高，说明在实践中首先就反垄断民事公益诉讼的立案对象、范围、标准等产生了层层困惑。其次是诉讼请求的相关咨询，其中关于“诉讼请求的确定”问题占比最高，笔者认为主要有四个缘由：一是诉讼请求的具体类别难以确定，反垄断法中对此只字未提，虽然已有不少学者进行了研究①，但是并没有达成统一共识，这使得检察机关在具体办案时存在很大的不确定性。二是目前发现的案件线索多源于刑事案件，在已经进行过刑事处罚的情况下，民事公益诉讼的赔偿损失请求存在巨大争议，如果请求赔偿有重复性处罚和罚赔过当的风险，如果不请求赔偿，提起公益诉讼的实质效果可能只剩“停止侵害”。三是赔偿损失的具体数额难以确定，没有统一的衡量标准，且反垄断领域往往侵害的是竞争秩序，其公益损失难以量化，惩罚性赔偿又没有明确的法律依据。四是赔偿金额事后的去向和分配问题，目前立法

① 参见吴佩乘：《反垄断民事检察公益诉讼制度的解释论》，载《现代法学》2024 年第 2 期；刘加良、李畅：《反垄断民事公益诉讼的适用边界与构造优化》，载《山东社会科学》2024 年第 5 期；胡旨钰：《反垄断检察民事公益诉讼制度的探索与完善路径——以新〈反垄断法〉实施为契机》，载《中国价格监管与反垄断》2022 年第 12 期；张素伦：《反垄断民事公益诉讼相关程序的冲突与协调》，载《河南社会科学》2022 年第 10 期；杨书香：《浅论我国反垄断民事公益诉讼制度之构建》，载《山西科技报》2023 年 4 月 3 日。

没有给出统一的处理依据，作为新增领域实践中也无经验可循，由此更陷入僵局。最后，证据相关的咨询问题也不在少数，对于垄断行为造成的公益损害论证、证据的调取与固定等都存在疑问。

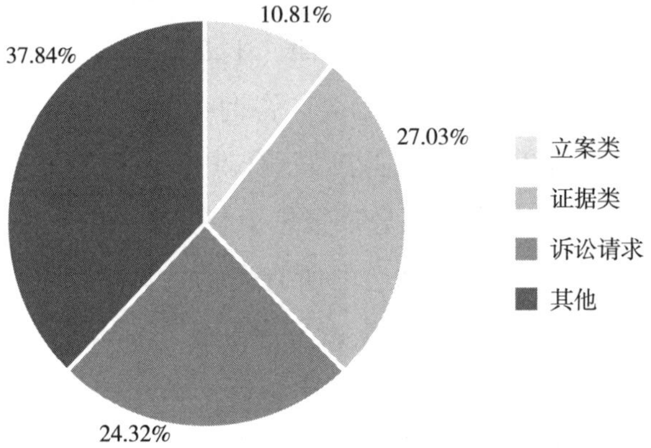

图1　415咨询会的咨询意见构成

总之，目前我国反垄断民事公益诉讼的立法规定含糊、操作规则不明，具体程序缺乏明确的法律依据或指引，使得实践中各地检察机关困境重重，相关立法有待进一步深化明晰。

（二）反垄断领域专业性强的办案挑战

反垄断公益诉讼作为一个法定的全新领域，体现了党和国家对检察机关法律监督工作新的更高要求，需要检察机关切实强化办案能力建设，系统学习反垄断法律规则体系，厘清相关知识理论，以期更好地发挥反垄断检察公益诉讼职能。但需要面对的现实是，新增领域的学习并非是一蹴而就的，反垄断领域专业性极强，检察机关办案人员的能力提升还需要一定的时间和实践空间。

一方面，反垄断案件本身呈现出专业性强、跨越周期长、经济分析多等特点，每一种垄断行为的证成都需要严密地逻辑分析，对执法及司法活动均提出较大挑战。反垄断领域的法律制度虽然看起来很清晰，但背后富含经济性等其他专业领域的内容，这也促使各国不断充实反垄断执法力量。即便如此，哪怕是已经具备反垄断执法经验多年的市场监督管理总局，办理一个垄断案件的周期依然很长，根据国家反垄断局公布的《中国反垄断执法年度报告（2023）》显示，我国2023年全年查处的垄断协议和滥用市场支配地位案件加起来也就27件，可见反垄断案件办理的固有难度。

另一方面，检察机关作为反垄断领域的新起之秀，其办理民事公益诉讼案件需要学习的专业知识和衡量判断的因素更多。与反垄断执法人员相比，法检两院可能对法律问题精通，但面对反垄断相关知识、经济理论和技术分析等可能不太擅长，无法快速、准确、熟练地处理复杂多变的垄断难题。在415咨询会上，6省（市）检察机关都咨询到“垄断行为判定标准”的问题，可见，近半数检察机关仍受困于垄断行为的判定过程中。有2位专家都提示到目前各地在办案件存在缺乏基础专业知识的现象，部分案件连“相关市场的论证”[①] 都没有，反垄断案不能简单地主观判断或推断垄断行为，需要严格依据反垄断法进行逐步分析论证。

综上，鉴于反垄断案件本身的专业复杂性以及检察机关初学的渐进性，检察民事公益诉讼在反垄断领域存在办案挑战，其进化成长之路还任重道远。

---

① 界定相关市场就是明确经营者竞争的市场范围，在大多数场合，相关市场的界定实际上是竞争分析的出发点和基本前提。奇虎诉腾讯滥用市场支配地位案中，最高人民法院也认可了相关市场对于认定垄断行为的基础性作用，并指出即使不明确界定相关市场，也要对被诉经营者的市场地位以及被诉垄断行为可能的市场影响进行评估。

三、反垄断行政公益诉讼的定位与功能

如前所述，我国现行法规制下反垄断民事公益诉讼制度尚不成熟，存在诸多问题和挑战，单轨的民事公益诉讼在反垄断领域无法发挥理想的作用。基于行政公益诉讼的制度开放性，在反垄断领域探索行政公益诉讼的路径可以极大地缓解实践困境，亦是完善反垄断公益诉讼制度的可行之道。

（一）反垄断领域公益受损的兜底保护

1. 全面保护公益的迫切需要

从整体制度设计看，反垄断法在传统的私益诉讼和行政执法之外，引入检察公益诉讼制度具有必要性。基于法律实施的角度考察，如果反垄断领域普通民事诉讼和行政执法能够有效应对垄断行为造成的损害，便无须其他法律手段的介入，立法者既然新增反垄断公益诉讼的实施路径，必然是源于传统的实施制度在运行中存在难以自洽的问题。[①] 其一，私人主体提起反垄断民事诉讼往往面临举证难、成本高、胜诉少、赔偿低等问题。[②] 其二，反垄断执法机构存在不作为与乱作为的可能，具体体现在“漏查”（false negative）与“误查”（false positive）两个方面，[③] 在近年执法资源“下沉”的同时，亦增加了地方保护主义干扰的风险。由此，引入检察公益诉讼制度的第三条路径有利于反垄断法全面闭环的有效实施。

检察机关是公共利益的代表人和守护者，检察公益诉讼的设立初

---

① 参见吴佩乘：《反垄断民事检察公益诉讼制度的解释论》，载《现代法学》2024年第2期。

② 参见王健：《我国反垄断修法的“四化融合”新模式》，载《中国市场监管研究》2022年第7期。

③ 参见谭袁：《检察机关提起反垄断公益诉讼问题研究》，中国社会科学出版社2023年版，第197页。

衷和履职实践都坚持以人民为中心，将其引入反垄断领域是强化公益保护的必由之路。但美中不足的是，反垄断法中明确授权的单轨民事救济路径存在缺憾，直接限制了公益保护的中坚力量。具体而言，作为保护社会公共利益的主力军，检察机关是国家监督体系的重要组成部分，然而目前其依据反垄断法仅能提起民事公益诉讼，与我国实施行政、民事公益诉讼双轨救济机制的现状相背离。有学者指出，现有反垄断法律框架极大限制了检察办案的程序选择，再加上反垄断民事公益诉讼实践中的种种问题，单轨的民事公益诉讼救济机制“存在重大缺陷”，不利于公益保护以及检察公益诉讼职能的全面发挥。[①] 由此，先探索反垄断行政公益诉讼的路径既是为日后完善立法累积经验的需要，亦是全面保护公益的迫切需要。

2. 反垄断公益诉讼的谦抑性

在充分挖掘反垄断行政公益诉讼的优势功能之前，要先明确其兜底式的底色，基于反垄断法本身的特性以及检察公益诉讼的制度定位，应保持检察监督职能的谦抑性，在反垄断行政执法或私益诉讼已经介入的情况下，不抢位、不代位，审慎稳妥地开展公益诉讼工作。

第一，垄断行为的危害具有发散性、涉众性的特点，侵害的往往是不特定多数人的利益，即垄断行为或多或少都会损害到社会公共利益，但并不意味着对所有垄断行为都有提起检察公益诉讼的必要。[②] 检察机关的司法资源是有限的，办案前要充分研判是否有必要介入，以及介入后能否发挥作用。

第二，反垄断公益诉讼制度的定位是补充、托底以及特殊支持，检察机关要保持在行政执法的背后，不越权，不缺位，重点关注其他

① 参见林轲亮、莫晨宇：《互联网平台反垄断公益诉讼三大现实困境及其破解》，载《重庆大学学报（社会科学版）》。

② 参见时建中：《新〈反垄断法〉的现实意义与内容解读》，载《中国法律评论》2022 年第 4 期。

的执法司法手段不能有效发挥作用的地方。在提出诉请时也要注意损害填补或赔偿的补充性作用，如果刑事处罚或行政处罚与其垄断行为的危害程度相当，不宜再在公益诉讼中提出过度赔偿的请求，否则有同质再罚之嫌。[①]

第三，反垄断案件专业性强、案情复杂、影响深广，在充分利用公益诉讼保护市场竞争的同时，也要防止“滥用”公益诉讼带来的“手段危机”。[②] 反垄断法的实施处罚力度大，对于经营者的商业声誉也会产生深远影响，被称为“核武器”，在近年全球经济放缓、经济下行压力增大的背景下，[③] 更要妥善平衡维护竞争与促进创新的关系，避免对经营者进行盲目地双重处罚，加重其负担反而影响市场经济活力。[④]

总之，检察机关作为公益代表人要统筹运用各种监督方式，以实现公益受损的最佳保护。同时，反垄断检察公益诉讼要秉持审慎监管、精准立案、高质效办案的理念，做到不枉不纵、宽严适度，从而达到保护竞争、包容创新、促进发展的目标。[⑤]

（二）检察监督职能的充分发挥

检察机关提起公益诉讼的职权根源是法律监督权，依据《中华人民共和国宪法》第134条、第136条以及《中华人民共和国人民检察

---

① 参见张步峰、张昊天：《如何界分民事公益诉讼惩罚性赔偿与行政罚款》，载《检察日报》2021年5月25日。

② 参见谭袁：《检察机关提起反垄断公益诉讼问题研究》，中国社会科学出版社2023年版，第197页。林轲亮、莫晨宇文，第1—16页。

③ 参见杨春华：《世行“商事破产”新变化背景下的小微企业破产前预警机制》，载《中国政法大学学报》2023年第6期。

④ 参见蒋岩波、戴瑞：《反垄断检察民事公益诉讼与行政执法衔接机制研究》，载《江西财经大学学报》2024年第1期。

⑤ 参见王先林：《论常态化监管下平台经济领域反垄断的定位和举措》，载《江淮论坛》2023年第4辑。

院组织法》第20条第4款规定，人民检察院是国家的法律监督机关，依法独立行使检察权，有提起公益诉讼的职权。然而，现有的行政公益诉讼范畴、理念无法满足第三法域即包含反垄断法在内的社会法[①]法域价值的实现。反垄断法需要发挥司法动态作用，用社会法的思维方式对传统行政诉讼理念进行突破、渗透，[②]将行政公益诉讼引入反垄断领域有利于检察监督职能的充分发挥：其一，公益诉讼制度本身的发展历程始终亲和于行政领域；其二，行政公益诉讼从理论到实践都有明显优于民事公益诉讼的特质；其三，执法权日益扩张的反垄断执法机构亦有配套监管的必要性和紧迫性。

1. 公益诉讼制度的发展特性

习近平总书记强调“努力让人民群众在每一个司法案件中感受到公平正义”[③]，检察公益诉讼制度是以习近平同志为核心的党中央决策、部署和推进的重大改革举措，是公益司法保护的中国特色方案。[④]近年来，检察公益诉讼在办案规模增长、履职领域拓展中实现快速发展，回望十年的发展历程，其根源及脉络始终和行政公益诉讼紧密贴合，持续在维护公益和保障民生中展现检察担当。

一方面，从检察公益诉讼制度的设计初衷看。2014年十八届四中全会首次提出探索建立检察公益诉讼制度，习近平总书记在《关于〈中共中央关于全面推进依法治国若干重大问题的决定〉的说明》

---

① 与传统的私法强调个人利益不同，社会法更多地保护不特定多数人的利益。

② 参见庞昊、周杨：《反垄断行政公益诉讼的司法实践》，载《上海法学研究》集刊2021年第4卷（平台经济法治研究文集）。

③ 习近平：《高举中国特色社会主义伟大旗帜 为全面建设社会主义现代化国家而团结奋斗——在中国共产党第二十次全国代表大会上的报告》，载中国政府官网，https://www.gov.cn/xinwen/2022-10/25/content_5721685.htm，2024年7月10日访问。

④ 参见胡卫列、吕洪涛、刘家璞：《更好发挥检察公益诉讼制度效能贡献跨区划生态环境司法保护的“中国方案”》，载《中国检察官》2023年第1期。

中亦为新增制度指明了发展方向：第一，其受案范围是“一些行政机关违法行使职权或者不作为造成对国家和社会公共利益侵害或者有侵害危险的案件”；第二，其创设缘由是“违法行政行为缺乏有效司法监督，不利于促进依法行政、严格执法”；第三，其创设目的是“由检察机关提起公益诉讼，有利于优化司法职权配置、完善行政诉讼制度，也有利于推进法治政府建设”。由此可见，检察公益诉讼制度的创设主要源于针对行政行为的司法监督，其初衷就是以行政公益诉讼督促违法行使职权或者不作为的行政机关依法行政，从而保护国家和社会公共利益不受侵害。

另一方面，从检察公益诉讼制度的实践历程看。据最高人民检察院2024年公布的《公益诉讼检察工作白皮书（2023）》[①]（以下简称最高检白皮书）显示，2023年全国检察机关共立案办理公益诉讼案件189885件。从案件类型看，办理行政公益诉讼案件167776件，占立案总数的88.4%；办理民事公益诉讼案件22109件，占立案总数的11.6%，可见行政公益诉讼的数量远远高于民事公益诉讼。实践经验表明，以行政公益诉讼督促行政机关履职，进而督促行政相对人落实主体责任，可以更加高效地实现公益保护的共同目标。在行政机关穷尽行政手段仍不能弥补损失、行政公益诉讼难以发挥作用时，民事公益诉讼则起到了非常重要、不可或缺的补充兜底作用。

综上所述，检察公益诉讼制度是习近平法治思想的标识性概念、原创性成果，基于其促进依法行政的制度初衷，检察机关应立足法律监督职能，瞄准社会治理难题，高质效办好每一个案件，从而弥补公益保护领域行政治理漏洞和短板弱项，最终实现对公益的全面有效保护。

---

① 参见《公益诉讼检察工作白皮书（2023）》，载中华人民共和国最高人民检察院官网，https://www.spp.gov.cn/spp/xwfbh/wsfbh/202403/t20240309_648329.shtml，2024年7月10日访问。

2. 行政公益诉讼的优势

基于公益诉讼制度本身的运行逻辑，行政公益诉讼相对而言更便捷、效益性更高。一方面，行政公益诉讼需要的证明链条是“公益侵害＋行政机关负有责任”，其远比民事公益侵害的证明链条容易达成；另一方面，术业有专攻，行政机关在各自监管领域的调查取证工作更专业，其同相关部门的协作以及联动也更加迅捷，检察机关只需督促其整改行政违法行为就能高效实现公益保护。①

同时，行政公益诉讼具有扩张性，适用范围灵活。第一，在法律规定层面，如前文引言所述，依据《行政诉讼法》等 3 个法律文件规定，行政公益诉讼的实施具备兜底开放式的缺口，为进一步拓展新领域预留了空间，以备实践发展的不时之需。第二，在实践层面，其他新领域本就在持续积极稳妥地探索过程中从未停歇，据最高检白皮书统计，2023 年我国全年共办理其他新领域案件 21815 件，占公益诉讼总数的 11.5%，更全方位地维护了国家利益和社会公共利益。第三，在学术理论层面，学界对于行政检察职能的外延也多为宽容的态度。检察机关办理行政公益诉讼案件实际发挥的是监督职权，一般以磋商、检察建议的方式呈现，实际上“不对外产生严格的法律强制力”，这类“柔性职权”除非有法律明令禁止，否则按世界通例都不用专门的法律授权。② 尤其对于严重侵害公益的行为，如果法律还没有直接规定，检察机关亦可基于维护公益的需要拓宽检察公益诉讼的适用范围。③ 总而言之，将行政公益诉讼的范围扩大至反垄断领域具备可行

---

① 参见林轲亮、莫晨宇：《互联网平台反垄断公益诉讼三大现实困境及其破解》，载《重庆大学学报（社会科学版）》。

② 参见姚魏：《论行政检察监督职权的扩展及其路径》，载《行政法学研究》2024 年第 3 期。

③ 参见张龙、徐文瑶：《个人信息保护领域检察公益诉讼的适用》，载《河南财经政法大学学报》2021 年第 4 期。

性及合理性。当然，为防止扩张滥用公益诉讼职能，办理新领域公益诉讼案件的关键在于科学判断公益诉讼介入的必要性，[①] 从而实现新领域扩张的稳妥性。

回归到反垄断领域，行政公益诉讼在其中具有独特的价值和优势。其一，在目前反垄断公益诉讼立法不足的情况下，行政公益诉讼更能应对和化解民事公益诉讼面临的种种问题。例如，检察机关督促执法机构依法调查处理相关责任人后，就无须面对能否提出赔偿请求、赔偿数额如何计算、赔偿金后续如何保管及分配等问题。其二，让专业的人干专业的事，检察机关不直接代为履行反垄断监管职责，而以行政公益诉讼的方式督促行政机关依法履职，有利于反垄断法的准确实施，亦有助于缓冲检察机关涉足新领域的学习过程。其三，行政公益诉讼在反垄断领域的实践同样高效，有助于更加迅速精准地解决实际问题，这也是检察机关在实务办案时更加青睐行政公益诉讼的重要原因。从反垄断公益诉讼近两年的实践情况看[②]，行政公益诉讼的占比远高于民事公益诉讼，也就是说，目前实践中已办理了一批案件且取得了预期成效，更证实了反垄断行政公益诉讼的可行性，具体情况可见图2。

如图2所示，2022年8月至2024年6月，全国反垄断领域公益诉讼的实践从线索、立案、结案三个维度看，行政公益诉讼的数量都远高于民事公益诉讼。结案的2件民事公益诉讼案件因重重阻力均未起诉，其中1件还在调查阶段即终结。而结案的21件行政公益诉讼案件中，7件通过磋商、12件通过制发检察建议后均得到了有效整改，再次印证了行政公益诉讼的高效优势。据最高检白皮书显示，实践中

① 参见周浩、王定南:《违规医疗广告监管行政公益诉讼案的审查要点与实践启示》，载《中国检察官》2024年第10期。

② 相关数据来源于最高人民检察院公益诉讼检察厅截止于2024年6月30日的汇总统计。

公益诉讼的诉前整改水平保持高位，2023 年立案后经磋商终结的案件占行政公益诉讼立案数的 21.3%，提出检察建议的行政公益诉讼案件，绝大部分经过诉前程序即可督促行政机关纠正或履行职责，回复整改率高达 99.1%，切实运用了更高效的方式实现了公益保护的目的，彰显了中国特色司法程序设计的效能。

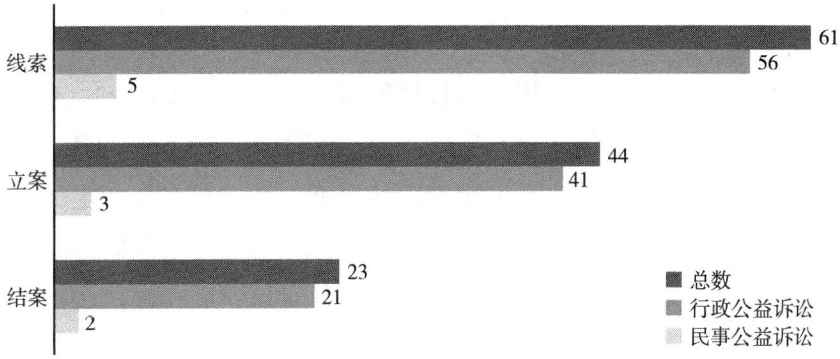

图2　反垄断公益诉讼的实践情况

3. 反垄断执法监督的必要性

我国反垄断法的具体实施中行政执法占据主导地位，[①] 反垄断执法机构的地位与影响力与日俱增。根据《反垄断法》第 13 条第 1 款规定："国务院反垄断执法机构负责反垄断统一执法工作。"反垄断执法属于中央事权，[②] 国家市场监督管理总局于 2018 年印发《关于反垄断执法授权的通知》，授权各省、自治区、直辖市人民政府市场监督管理部门，负责本行政区域内有关反垄断执法工作。基于党中央对于竞争政

① 参见丁国峰、毕金平:《论反垄断法之公共执行与私人实施的协调》，载《中南大学学报（社会科学版）》2012 年第 1 期。

② 参见王先林:《竞争法学》，中国人民大学出版社 2023 年版，第 309 页。

策[①]的高度重视，反垄断对于我国社会主义市场经济的发展发挥着日益关键的作用，客观上大大增强和提升了反垄断执法机构的权威和地位，一旦经营者遭到了反垄断执法调查，无论最终是否被认定构成垄断，都会受到极大的关联影响。有学者指出，虽然被调查处理的对象有提起行政复议或行政诉讼的权利，但实践中大部分经营者鉴于行政执法的威慑和诉讼成本等因素考虑，基本不会质疑和挑战反垄断行政执法的结果，反垄断行政决定“一锤定音”的现象比比皆是。[②]

然而，反垄断执法机构和被授权的行政部门并非万能的，亦存在不作为和乱作为的可能，进而影响到反垄断法的正确实施。第一，反垄断执法部门很难及时主动发现隐晦的垄断行为，且存在一定的滞后性。在互联网平台经济等新兴产业迅速崛起的背景下，垄断行为频发、隐蔽、多样，再加上有限执法资源的束缚，对反垄断行政执法提出了挑战，有些“漏查”属于执法部门有心而力不足、尚未或难以发现线索的情形。第二，地方行政执法可能产生受地方保护主义干扰、“管制俘获”、执法者与被执法者之间形成“合作博弈”等问题。[③]第三，反垄断案件牵涉广泛、案情复杂、经济及数据分析量大，执法部门存在职责懈怠和错判误判的可能。近年来，因不服反垄断执法处罚而提起行政诉讼的案件越来越多，还有些被处罚者因惮于挑战反垄断执法

---

① 广义上的竞争政策是国家为保护和促进市场竞争而实施的基本经济政策，其核心目标是确保竞争机制在相关市场上发挥良性作用，在内容上既包括竞争法律，也包括旨在促进经济竞争自由和市场开放的各项政策措施。而狭义上的竞争政策就等同于竞争法，其是以规范市场竞争行为，调整市场竞争关系和竞争管理关系的法律规范的总和，以反垄断法和反不正当竞争法为主要内容。

② 参见蒋岩波、戴瑞：《反垄断检察民事公益诉讼与行政执法衔接机制研究》，载《江西财经大学学报》2024年第1期。

③ 参见姜伟：《反制外国政府和组织限制竞争行为的检察公益诉讼》，载《上海法学研究》集刊2022年第6卷——上海市法学会国家安全法律研究会文集。

权力等原因不起诉，此类现象下，社会公共利益无法得到公正、有效的维护。

由此，在反垄断执法一家独大且存在职责懈怠的风险情况下，亟须检察机关充分发挥法律监督职权的能动性，以探索行政公益诉讼办案的方式督促相关部门依法履职。从整体架构看，保证行政执法和司法的有效性、权威性、强制性是竞争法实施的基本要求，[①] 当行政机关局部性失灵时，唯有司法枢纽可予以修复补救，反垄断行政公益诉讼符合司法权监督行政权的法理逻辑。[②] 具体而言，反垄断执法机构依据反垄断法作出的决定属于具体行政行为，[③] 且该行为享有较大的自由裁量权，但并不意味着可以允许甚至纵容行政执法权的肆意扩大，为了对这种不断增强的行政权力进行制约和监督，也需要一种远远比私主体更为强大的公权力——检察权，通过检察监督“把权力关进制度的笼子里”。[④] 检察机关对于行政机关违反法律的行为，本身就负有调查、纠正和处理的职权，[⑤] 其提起反垄断行政公益诉讼的合法性源自“法律监督机关”与“公益代表”的双重身份。[⑥] 在反垄断领域行政执法力量集中、权威扩大的趋势下，对行政执法权的法律监督亦需跟进

① 参见王先林主编:《中国反垄断法实施热点问题研究》，法律出版社2011年版，第19页。

② 参见谭袁:《检察机关提起反垄断公益诉讼问题研究》，中国社会科学出版社2023年版，第116页。

③ 参见王翔:《中华人民共和国反垄断法解读》，中国法制出版社2022年版，第251页。

④ 参见谭袁:《检察机关提起反垄断公益诉讼问题研究》，中国社会科学出版社2023年版，第199页；蒋岩波、戴瑞:《反垄断检察民事公益诉讼与行政执法衔接机制研究》，载《江西财经大学学报》2024年第1期。

⑤ 参见陈瑞华:《论检察机关的法律职能》，载《政法论坛》2018年第1期。

⑥ 参见林轲亮、莫晨宇:《互联网平台反垄断公益诉讼三大现实困境及其破解》，载《重庆大学学报（社会科学版）》。

强化，提起反垄断行政公益诉讼的必要性随之上升。[①]

综上所述，公益诉讼制度的初衷即是促进依法行政，实践中行政公益诉讼也展现出无可比拟的制度优势，为有效制止因反垄断行政部门执法资源不足、线索发现难、怠于履职等行为给社会公共利益造成损害，应积极探索检察机关提起反垄断行政公益诉讼的救济路径。

（三）与反垄断执法同向发力

反垄断行政公益诉讼和行政执法都是规制垄断行为、保护市场公平竞争、维护消费者利益的重要抓手，不同于反垄断私益诉讼，二者都具有公益属性，只是着眼点、立案标准、追究责任方式和程序等存在差异。反垄断行政执法具有威慑性，偏重于垄断行为的认定和行政处罚的程序，而行政公益诉讼更注重垄断行为对于公益损害的充分论证，以及督促协助相关行政部门最终消除或减轻垄断行为对于公益的侵害状态，二者实际是同向发力、分工协作的关系。有学者点明，行政规制与司法控制之间已不再是非此即彼的关系，合作规制才是常态，[②] 反垄断行政执法同行政公益诉讼亦是如此。

从检察公益诉讼制度的功能看，检察机关并非要代替行政权力或过多干预行政权的直接行使，而是在尊重权力分工基础上进行协力督促之诉。其一，要正确理解磋商、检察建议等诉前程序的基础性地位，以真诚、主动、务实的诉前督促来促进行政机关履职整改的积极性，[③] 检察机关的根本目的并不是提起诉讼，而是敦促行政机关积极履职，进而保障公共利益。其二，开展公益诉讼不能“单打独斗”，要扩大

---

① 参见姜伟：《聚焦反垄断：知识产权检察公益诉讼的新进路》，载《中国检察官》2022年第5期。

② 参见宋亚辉：《论公共规制中的路径选择》，载《法商研究》2012年第3期。

③ 参见张雪樵：《检察公益诉讼的“智慧之门”》，载《检察日报》2018年4月9日，第3版。

“朋友圈”，[1] 检察公益诉讼制度的成功很大程度上依赖于相关行政部门的配合和支持，二者的关系绝非对抗性的，而是通过司法监督恢复法秩序之建构，毕竟公共利益的长效保护最终依赖于行政权的合法行使。其三，检察公益诉讼制度的源头和发展沿革充分阐释了双赢多赢共赢的工作理念，其内核是督促之诉、协同之诉，而不是追责之诉，检察机关和行政执法部门的价值追求和保护公共利益的职责始终是相同的，这也是二者同向发力的根基所在。

在反垄断领域增设公益诉讼制度的起步阶段，尤其需要检察机关和反垄断执法机构统一战线、各尽所能、互补短板，共同保障反垄断法的统一正确实施。反垄断执法司法目标都是构建市场公平竞争机制，就整体而言，垄断行为造成的损害具有明显的社会公共性，[2] 检察机关同反垄断执法机构协作的基础在于维护公益职责上的趋同性，二者同向发力能够相互起到不可替代的正向作用。一方面，反垄断执法经验可以帮助检察机关快速学习和融入反垄断专业领域。从反垄断业务层面看，检察机关是很年轻的新兵，与行政执法部门相比，其在专业知识、资源掌握等方面都不足，还需要学习成长和经验积累的练兵过程。反垄断行政公益诉讼实则也是将专业主战场交还给反垄断本身的相关行政部门，有利于应对反垄断公益诉讼制度起步阶段的实践困境，对于公平竞争市场秩序的共同维护至关重要。另一方面，反垄断行政公益诉讼也可以帮助相关部门增强行政执法效果，共同推动反垄断领域违法情形的整改，协力捍卫社会公共利益的保护防线，具体表现在以下三个维度。

---

① 《发挥检察公益诉讼效能，为中国之治赋予新内涵——访最高人民检察院副检察长张雪樵》，载最高人民检察院官网，https://www.spp.gov.cn/spp/zdgz/202202/t20220228_546143.shtml，2024 年 7 月 20 日访问。

② 参见陈云良：《反垄断民事公益诉讼：消费者遭受垄断损害的救济之路》，载《现代法学》2018 年第 5 期。

第一，反垄断行政公益诉讼可以为相关行政部门提供更多的案件线索。反垄断执法机构的不作为并非都源于主观故意或过失，在某些情形下是由客观不能所导致，其中最重要的就是执法资源不足，相比于欧美司法辖区，我国反垄断执法机构的人员配置和经费较少，发掘案件线索方面有困难。检察机关办理反垄断行政公益诉讼案件，主要以诉前程序为主，能够很好地为反垄断执法提供案件线索，在一定程度上解决反垄断执法部门因执法资源欠缺而无法及时发现线索的不足。

第二，反垄断行政公益诉讼可以弥补和解决执法机构面对行政性垄断情形束手无策时的困境。区别于由经营者提起的经济性垄断，行政性垄断是指行政机关和法律、法规授权的具有管理公共事务职能的组织滥用行政权力实施排除、限制竞争行为的情形，依据《反垄断法》第61条规定，反垄断执法机构仅有向有关上级机关提出依法处理的建议权。再者说，以反垄断执法纠正行政性垄断实际是以行政权力纠正行政权力，根据权力运行逻辑，往往只有更高位阶的权力才能够纠正更低位阶的权力，实践中省级市场监管部门基本都针对行政级别更低的县处级、乡科级行政机关展开行政垄断查处。[①] 如果反垄断执法部门面临同级甚至上级行政机关存在行政性垄断，仅凭其建议权会更显单薄无力，有效限制行政性垄断终究应当依靠司法诉讼，单纯的行政执法无法有效规制行政性垄断。[②] 即使执法部门向有关上级机关顺利发出处理建议后，如果上级机关未责令下级改正，或者上级责令后下级机关仍未实际整改，此时执法部门已无能为力，这时若检察机关介入则有利于破局，其可通过反垄断行政公益诉讼的方式督促相关行政部门落实整改。近两年反垄断行政公益诉讼的探索办案中，检察机关

---

① 参见谭袁：《检察机关提起反垄断公益诉讼问题研究》，中国社会科学出版社2023年版，第192、195页。

② 参见庞昊、周杨：《反垄断行政公益诉讼的司法实践》，载《上海法学研究》集刊2021年第4卷（平台经济法治研究文集）。

一旦介入后，就确实对于行政性垄断进行了快速有效的制约并最终落实完成了整改。

第三，反垄断行政公益诉讼有助于行政执法部门解决多头监管的“九龙治水”难题。反垄断案件涉及多行业监管，目前《反垄断法》未对反垄断执法机构同其他行业主管部门的关系进行厘定，如何协调反垄断执法机构和其他行业监管部门的管辖权冲突成为一大难题。① 检察机关办理行政公益诉讼案件具有统筹协调、督促多部门综合履职的独特优势，善于凝聚多方共治力量，提升多元主体共治的整体效能，② 恰好可以应对反垄断领域的“九龙治水”难题或者必须齐抓共管的“老大难”问题。实践经验表明，反垄断行政公益诉讼可以帮助相关行政执法部门协调解决实际困难，助推营造公平竞争市场的良好氛围，打造检察公益诉讼“破题”、行政执法“答题”的协同治理模式。③

综上所述，探索反垄断行政公益诉讼绝不是让检察机关成为反垄断执法机构的对抗者，而是基于法律监督职能发挥法治保障作用，督促和协助反垄断执法更好地实施。检察机关和反垄断执法机构是维护市场竞争秩序和社会公益的同盟军，行政公益诉讼的探索也是将主战场交还给反垄断行政执法，检察机关退居后端进行辅助和协调，其始终与反垄断执法机构同向发力，共同守护公平竞争的市场秩序，协力推动反垄断法的正确实施。

---

① 参见孙晋:《〈反垄断法〉修订背景下设立竞争法庭的理据和进路》，载《法律科学（西北政法大学学报）》2022 年第 3 期。

② 参见胡卫列、杨建顺、练育强:《解密检察公益诉讼发挥治理效能之钥》，载《人民检察》2022 年第 7 期。

③ 参见桑涛、屠亦真:《检察大数据思维下涉水领域公益诉讼案件办理》，载《中国检察官》2022 年第 23 期。

四、探索反垄断行政公益诉讼的路径

由于反垄断案件的政策性较强，对于国民经济生活的影响较大，使得立法机关在新增检察公益诉讼制度时采取了更为审慎的态度，目前仅作了原则性规定。立法是不断寻求最大共识和“公共利益最大公约数”的过程，[①] 新增制度的优化有待于学术研究和实践经验的足够积累，由此，要探索反垄断行政公益诉讼的路径，首先需持续加大办案力度，进一步累积丰富可行的实践经验，其次再适时转化实践成果，最后逐步形成较为完备成熟的反垄断公益诉讼制度。

（一）持续加大办案力度

党的二十大报告强调“加强检察机关法律监督工作”“完善公益诉讼制度”，赋予了检察机关更重的政治责任、法治责任、检察责任。基于反垄断领域公益保护的迫切需要，检察机关应当持续加大办案力度，继续积极稳妥地进行反垄断行政公益诉讼的实践探索，在探索中不断总结、积累实践中的司法经验，并且形成稳定的程序运行模式，推动反垄断公益诉讼制度的完善。[②]

从立案情形看，反垄断行政公益诉讼的办案范围既包括经济性垄断，也包括行政性垄断。我国《反垄断法》明确规定的“垄断行为”狭义上仅指向其中第3条所规定的三种经济性垄断行为，即垄断协议、滥用市场支配地位和经营者集中，其实施主体均为经营者。而行政性垄断的实施主体是“行政机关和法律、法规授权的具有管理公共事务职能的组织”，具体情形在《反垄断法》第五章被称为“滥用行政权

---

① 参见封丽霞：《党领导立法的规范原理与构造》，载《中国法学》2024年第1期。

② 参见中国人民大学诉讼制度与司法改革研究中心：《检察改革十年成就述评》，载最高人民检察院官网，https://www.spp.gov.cn/zdgz/202302/t20230218_602525.shtml，2024年7月20日访问。

力排除、限制竞争”。[①] 虽然目前《反垄断法》中明确的公益诉讼对象仅有经济性垄断，但监督行政机关实施法律的行为，自然是法律监督的应有之义，也是社会主义法治的必备内容，对法律实施情况的监督理论上以实效性作为检察监督发挥作用的主要标准。[②] 实践经验表明，反垄断行政公益诉讼对于经济性垄断和行政性垄断的监督制约都具备可行性且成效明显。

具体而言，检察机关在办案实践中可以灵活运用磋商、听证、检察建议等方式，督促反垄断执法机构依法处理经济性垄断行为；督促反垄断执法机构或其他负有监督管理职责的行政机关积极落实主体责任，及时整改行政性垄断行为。需要说明的是，目前关于行政性垄断的监督对象存在分歧，依据《反垄断法》第61条的规定，实施行政性垄断的主体的上级机关有“责令改正”权，反垄断执法机构有“对于有关上级机关提出依法处理的建议”权，而不论由谁牵头，终极目标都是要实施行政性垄断的行政机关本身进行整改。根据《人民检察院公益诉讼办案规则》第69条第1款规定，当“数个负有不同监督管理职责的行政机关均可能存在不依法履行职责情形的”，人民检察院既可以监督其中任一主体，亦可以“对数个行政机关分别立案”。由此，笔者认为，对于行政性垄断情形，反垄断执法机构、实施行政性垄断的主体及其上级机关均可以作为反垄断行政公益诉讼的监督对象。实践中以这三个主体中的任一主体作为监督对象都能达到高效整改的功效，出于提高办案效率和公益保护最大化的考量，建议将前述三个主体均列为可能的监督对象，检察机关可以视情况择一立案，只要使得行政性垄断情形及时得到整改，最终达到切实保护社会公共利益的效

① 参见徐孟洲、孟雁北:《竞争法》，中国人民大学出版社2018年版，第104—105页。

② 参见姜涛:《检察机关行政法律监督制度研究》，载《东方法学》2016年第6期。

果即可。

从办案要求看，既要突出监督办案重点，也要严格把握立案标准和审批程序。一方面，要针对重点领域加大力度。检察机关要依据《反垄断法》及相关规定，重点针对“法律明令禁止的垄断行为、涉及国计民生的重要领域、关系市场竞争规则的关键环节、严重侵害众多消费者权益的公益损害的突出问题”，[①] 结合经济发展和法治建设情况，对于相关舆情较为突出、群众呼声较高的反垄断问题予以密切关注，精准规范开展反垄断公益诉讼检察工作。另一方面，要注意保持反垄断公益诉讼的谦抑性，积极稳妥地进行制度探索。为保证行政公益诉讼新领域拓展的精准性和办案效果，需强化程序保障守好立案关，不仅要对垄断行为、公益受损、检察公益诉讼介入的必要性进行充分论证，还需进行规范的审批程序，由省级人民检察院严格把关，坚持质优效高的办案理念，积极回应人民群众的急难愁盼问题。

（二）适时转化实践成果

我国《反垄断法》于2007年首次出台，于2022年完成了实施14年来的首次修改，其中第60条第2款增设了检察公益诉讼条款。从我国反垄断法的全面布局看，这是制度层面的重大突破，是全新制度正式问世的一大步。但从新生制度本身看，以原则性条款诞生只是一小步，其成长之路还任重道远，随着实践样本的不断充实，相信配套的法规、规章、司法解释等细化指引终将陆续出台。如前所述，与反垄断民事公益诉讼相比，行政公益诉讼能够有效避免一系列实践困境，并且能够高质效地实际解决反垄断领域公益受损的问题，更能体现出反垄断公益诉讼制度的本质。在反垄断公益诉讼开局良好，具备一定

---

① 参见《关于贯彻执行〈中华人民共和国反垄断法〉积极稳妥开展反垄断领域公益诉讼检察工作的通知》。

实践经验的背景下，今后的重点将从经验积累转向法律的修改、完善，从司法研究转向立法研究，最终推动反垄断行政公益诉讼正式入法。

一是发挥高质效案件的引领作用。从需求导向看，公益诉讼法定领域呈现不断拓展态势，相关单行法持续增设检察公益诉讼条款，充分说明人民群众美好生活需求、党和国家治国理政要求，倒逼检察机关要前瞻性思考、全局性谋划、整体性推进公益诉讼法律制度的完善。[①] 反垄断行政公益诉讼案件的办理，进一步探索呈现了反垄断法和公益诉讼制度的特点规律，凝聚了各界共识，为立法完善积累了有益司法经验。检察机关应夯实畅通公众线索反映渠道、总结办案经验、梳理高质效办案方法，编发反垄断公益诉讼专刊，适时发布一批反垄断典型案例，为各地办案及理论研究提供更多借鉴。

二是及时更新相关通知与提示。结合近两年的实践现状及相关研究，可以对先前下发的《关于贯彻执行〈中华人民共和国反垄断法〉积极稳妥开展反垄断领域公益诉讼检察工作的通知》、反垄断领域风险点办案提示等进行更新与核改，完善检察机关办理公益诉讼案件的程序规则。要体现检察机关作为国家法律监督机关在公益诉讼程序中的客观公正立场，聚焦行政公益诉讼督促之诉、协同之诉的独特定位以及适合中国国情的实践形态，把握行政公益诉讼不同于其他类型诉讼公正与效率并重的价值追求，明确检察机关与行政机关、审判机关各司其职、相互配合、相互制约的体制机制，促进各地检察机关正确适用法律和认定案件事实，提升公益诉讼检察办案的精准性和规范性。

三是建议适时推动入法。从检察机关提起反垄断公益诉讼的完整性以及制度发展规律的角度而言，今后引入反垄断行政公益诉讼制度

---

① 参见《最高检党组会研究讨论贯彻落实党的二十大“完善公益诉讼制度”要求》，载最高人民检察院官网，https://www.spp.gov.cn/spp/tt/202211/t20221102_591571.shtml，2024 年 7 月 22 日访问。

是一种必然趋势。[①]《反垄断法》现有的公益诉讼条款主要解决的是反垄断公益诉讼制度的合法性与检察院诉讼主体适格的问题，随着实践不断深化，单一的民事公益诉讼授权与原则性规定已不足以支撑反垄断公益诉讼体系化的全方位发展，影响了反垄断公益诉讼检察工作的高质量发展，制约了反垄断领域公益诉讼制度价值的充分发挥。为进一步完善检察机关在反垄断领域的司法监督作用，建议推动反垄断行政公益诉讼制度入法，可以参照《中华人民共和国安全生产法》《中华人民共和国军人地位和权益保障法》的修法模式，将《反垄断法》的公益诉讼条款修改为“垄断行为致使社会公共利益受到侵害的，人民检察院可以根据民事诉讼法、行政诉讼法的相关规定提起公益诉讼”。即同时赋予检察机关在反垄断领域提起民事公益诉讼和行政公益诉讼的职能，使得检察机关办案时有更为明确直接的法律依据，以可诉性进一步提升高质效办案的规范性，有利于提升办案效率以及相关行政部门的配合度，健全反垄断执法与公益诉讼检察衔接机制。

五、结语

2024年是探索建立检察公益诉讼制度十周年，检察机关十年来深刻领悟以习近平同志为核心的党中央部署公益诉讼各项工作的重要意义，以切切实实的办案成效不断丰富公益诉讼制度的内涵，2022年引入反垄断领域更是公益诉讼体系完善的重要一步。但是，由于反垄断法中现有的公益诉讼条款过于抽象、简单，尤其是具体的程序规定付之阙如，再加上反垄断案件本身专业性强、垄断情形错综复杂，使得现行反垄断民事公益诉讼的推进举步维艰。实践经验表明，反垄断行政公益诉讼无须面临一时超负荷的专业认定、计算、分析等，办案过

① 参见谭袁：《检察机关提起反垄断公益诉讼问题研究》，中国社会科学出版社2023年版，第191页。

程更为顺畅与高效，展现出诸多难以替代的制度优势。从理论层面看，反垄断行政公益诉讼的探索与构建，既是维护市场竞争秩序和社会公共利益的需要，也是坚守公益诉讼制度的创设初衷、遵从公益诉讼制度的发展规律、健全反垄断司法监督体系、促进反垄断执法司法同向发力的协作机制、完善检察公益诉讼制度的应然要求。

在党和国家的推动以及社会各界法学工作者的共同努力之下，《全国人大常委会 2024 年度立法工作计划》将“检察公益诉讼法”列为预备审议项目，这标志着我国公益诉讼制度开始从理论和实践探索层面向立法构建与完善层面纵深发展，这样的发展势头也为我国反垄断行政公益诉讼制度的建立创造了有利条件。检察机关应以推动专门立法为契机，进一步加强反垄断领域公益诉讼检察工作，在持续推动民事公益诉讼办案提质增效的同时，积极稳妥地探索行政公益诉讼案件的办理，以实践经验不断巩固、健全、完善反垄断公益诉讼的双轨救济机制，为“检察公益诉讼法”的建构提供生动丰富的司法样本，以期为我国反垄断法的实施以及法治中国建设贡献更多检察力量。

行政公益诉讼中“监督管理职责”认定的司法逻辑

王莲可[*]

根据《行政诉讼法》第25条第4款规定，行政机关在行政公益诉讼中成为被监督对象的前提是“负有监督管理职责”。由于法律并未对其具体阐释，司法实践中尚存在认识分歧，检例第162号吉林省检察机关督促履行环境保护监管职责行政公益诉讼案即为典型代表，该案中一审、二审法院和行政机关均认为“监督管理职责”只包括行使行政处罚权等监督职责，而不包括对受损公益进行修复的治理职责。此种片面认识在当前司法实践中仍有存在，司法机关和行政机关对于“监督管理职责”的内涵尚未形成清晰的认识：其内涵包括哪些内容，与法定职责的关系如何，法院在审判时如何认定，检察机关在办案应注意哪些事项等。

基于此，通过梳理立法规定、研析司法案例，笔者尝试对“监督管理职责”的内涵进行明确解读，总结法院按照“职能判断＋职权判断”认定“监督管理职责”的司法逻辑，以期对司法实践和行政执法起到规范指引作用。

一、“监督管理职责”的内涵

在学理上，学者对“监督管理”的解释不尽相同，比较有代表性的观点认为，“监督是有权限的机关对于违法的行为和不当的行为加以

* 王莲可，最高人民检察院公益诉讼检察厅一级检察官助理。

矫正的活动”[①]，“管理”一般是指通过计划、指挥、协调、控制等手段使不同群体实现共同目标的一种活动。[②] 因目前法律层面尚未对“监督管理职责”的内涵明确规定，为此，结合立法规定和司法解读来对其内涵总结概括，尝试对“监督管理职责”给出全面明确的解读。

（一）“监督管理职责”的双重内涵

1.“监督管理职责”的立法内涵

立法上，“监督管理”广泛出现在实体法中，如《安全生产法》第4章“安全生产的监督管理”，《环境保护法》第2章“监督管理”，《药品管理法》第10章“监督管理”，《个人信息保护法》第6章“履行个人信息保护职责的部门”等。

为了实现行政管理目的，立法赋予“监督管理职责”的内涵较为丰富且分散，主要包括：（1）制定非行政规范性文件，如《环境保护法》中编制本行政区域环境保护规划等；（2）建立相应的管理制度和机制，如《个人信息保护法》中完善个人信息保护投诉、举报工作机制；（3）开展行政执法检查；（4）对相关事项实施行政许可，如《安全生产法》中对涉及安全生产的事项依法审批或者验收；（5）采取行政强制措施，如《环境保护法》对排污企业现场检查并可采取查封、扣押等措施；（6）对违法行为予以行政处罚；（7）对符合条件人员给予行政奖励，如《安全生产法》中对举报有功人员给予奖励；（8）内部行政行为，如《环境保护法》中向全国人大常委会报告环境状况和环境保护目标完成情况；（9）其他行政行为等。

2.“监督管理职责”的司法内涵

司法实践中，比较有代表性的两种阐释为：一是前述检例第162

---

① 王名扬：《法国行政法》，中国政法大学出版社1988年版，第532页。

② 参见申喜连：《管理概念的新审视》，载《中国行政管理》2004年第3期。

号案中，一审、二审法院认为行政机关的“监督管理职责”仅限于对破坏生态环境的违法行为进行监督管理，不包括组织相关部门对生态环境进行治理，而法院再审后认为，“……二审沿用‘私益诉讼’思路审理‘公益诉讼’案件，忽略了环境保护的特殊性，对乡级人民政府环境保护‘监督管理职责’做出限缩解释，确有不妥”。[①] 二是云南省某检察院督促履行环境保护监管职责行政公益诉讼案中，法院认为“监督管理职责”大体分为两类：一类为服务管理型职责，主要包括林种划分、代为补种等；另一类是行政处罚类职责，主要为没收财物或违法所得、罚款等。

因此，笔者认为，“监督管理职责”是指行政机关为了使其主管或者负责的某一事项符合法定要求所实施的综合性行政管理活动，既包括制定执法计划、建立管理制度等行政管理行为，也包括对违法行为进行行政处罚等行政监管行为；既包括对行政相对人守法情况进行执法检查并进行相应处理等外部行政行为，也包括向上一级机关报告工作完成情况或者对下级行政机关工作进行监督等内部行政行为；既包括实施行政许可等具体行政行为，也包括制定非行政规范性文件等准抽象行政行为，内涵较为丰富。因为“不同于普通私益诉讼，行政公益诉讼的诉讼目的在于维护公益，实质在于通过影响政策制定、督促履职等实现对公共利益的保护，因而其对行政机关的监督范围和监督强度要比普通诉讼更为广泛和深入”。[②]

（二）“监督管理职责”与“法定职责”之区分

通观《行政诉讼法》，行政机关的职责有两种表述：监督管理职责和法定职责，其中第25条第4款规定了行政机关的“监督管理职

---

① 吉林省高级人民法院行政裁定书，（2018）吉行再21号。

② 王红建：《论行政公益诉讼中不履行监督管理职责的认定标准》，载《河南财经政法大学学报》2022年第1期。

责”，而第 12 条行政诉讼受案范围，第 38 条依申请类行政行为不履职时原告的举证责任，第 47 条和第 69 条、第 72 条、第 74 条对依申请类行政行为不履职时的判决方式等规定的是“法定职责”。

而在司法实践中，法院对“监督管理职责”的表述也存在较大差异，主要有监督管理的法定职责、法定的监督管理职责等。

笔者认为，从广义上理解，“监督管理职责”也是行政机关的法定职责，“监督管理职责”包含于“法定职责”之中。但从狭义上理解，“监督管理职责”有别于“法定职责”，首先，从立法上看，“监督管理职责”出现在行政公益诉讼条款中，而法定职责出现在行政诉讼相关条款中，说明立法者认为它们并非同一概念，行政公益诉讼中行政机关对应的是“监督管理职责”，行政诉讼中则为法定职责。其次，从制度本身出发，行政诉讼侧重于对私益救济，防止行政权违法行使侵害普通公民的合法权益，因此依法行政是其很重要的一项原则，行政机关只能在法定职责范围内行使职权，着重强调履职的法定性；而行政公益诉讼侧重于通过督促行政机关积极履职实现公益保护，为此立法对行政机关提出了更高的履职要求，不仅要求行政机关依法督促违法行为人修复公益，还要求其在没有违法行为人时直接参与公益修复，更加强调职责的综合性。

二、行政公益诉讼“监督管理职责”的认定问题

（一）对“监督管理职责”的内涵认识片面

实践中，司法机关、行政机关对“监督管理职责”的内涵存在以下认识误区：一是认为行政机关只有监督职责而无管理职责；二是以属地管理为由认为行政机关无监管职责；三是认为法律概括性规定不属于监管职责的法定依据。如福建省某检察院诉某行政机关不履行法定职责行政公益诉讼案件中，该行政机关认为只能由违法行为人处置

危险废物，其无具体处置危险废物的职责，显然其对监管职责存在明显的错误认识，只知其有监管职责，而不知其亦有管理职责。

（二）对“监督管理职责”依据的规范性文件合法性审查不足

检察机关在办案中应依法认定行政机关的“监督管理职责”，但是实践中因部分检察机关对依据的规范性文件缺乏合法性审查而导致败诉。如甘肃省某检察院诉某镇政府不履行法定职责行政公益诉讼案件中，该地自然资源部门对该镇某砖厂作出行政处罚责令其拆除非法占地建造的砖厂设施，在该厂拒不执行处罚决定时又向法院申请了强制执行并获支持，但随后该区政府下发文件规定由该镇政府牵头整改，检察机关依据该份文件要求镇政府履行强制拆除义务，法院经审查认为，根据《行政强制法》等规定，该镇政府不享有强制执行权，因此驳回了检察机关的诉求。

（三）对“监督管理职责”认定对象的履职能力判定不够

实践中，存在部分检察机关仅凭行政机关具备履职资格，对其履职能力未加足够判断便将其作为监督对象的问题。此时，即便对其立案监督，囿于履职手段有限，最终可能也无法实现公益保护目的。如在安全生产领域，应急管理部门为安全生产的综合监督管理部门，根据2020年《国务院安全生产委员会成员单位安全生产工作任务分工》，综合监管职责主要是指导协调、监督检查以及组织开展安全生产和消防工作考核、巡查等。而有的检察机关办案时越过行业监管部门，直接且单独将综合监管部门作为监督对象，因综合监管部门只能起到沟通协调相关行政机关的作用，并无直接针对违法行为人实施行政处罚等强制性监管手段，如此不仅不利于公益损害的高效修复，更与行政公益诉讼制度的目的相背离，甚至会扰乱正常的行政管理体制。

三、行政机关"监督管理职责"的司法判断内容

应先从职能上判断行政机关是否具有主体资格，再从职权看是否具有履职能力，只有同时满足履职资格和履职能力才能称为具有监督管理职责。

（一）职能判断：是否具有"监督管理职责"主体资格

法律法规总则部分对行政职能的规定较为概括，指明某行政机关对某事项负有监管职责。因此在实践中，具有监管职能的被告主要有两类：地方人民政府和政府职能部门。

1. 县级以上人民政府职能部门

涉及的主体较多如生态环境部门、自然资源部门、交通运输部门、农业部门、林业部门、水利部门、应急管理部门、市场监督部门等，它们是行政公益诉讼最主要的监督对象。因为在行政管理体系中，县级以上人民政府各职能部门在各自职责范围内承担了大部分行政监管工作，具有较为完备的行政监管手段，是维护公益的第一顺位责任人，自然也就成为最主要的被监督对象。

2. 地方人民政府（包括县级以上人民政府、乡镇政府和街道办）

地方人民政府虽然主要承担综合管理职能，但基于公益保护目的，立法跳出传统行政诉讼法的审判逻辑，将具有"监督管理职责"作为行政机关履职的责任要件，地方人民政府也就依法成为被监督对象。地方人民政府作为被监督对象分为两类：县级以上人民政府和乡镇人民政府（街道办）。需注意对于前者，一般不宜动辄将其作为被监督对象，应以具有直接监管职责的行政机关为监督对象更为高效便捷，也更符合行政公益诉讼制度的设计初衷。而乡镇人民政府作为最基层的一级行政机关，承担较多管理职责，需要直接参与到环境治理等公益保护工作中，检察机关在办案时应对其履职能力进行充分判断。

（二）职权判断：是否具备履行“监督管理职责”手段

为了实现公益保护目的，行政机关常见的监管手段有：（1）行政命令、行政强制措施、行政处罚、行政强制执行，通过对行政相对人课以强制性行政义务实现公益保护目的；（2）行政征收（税、费），通过该手段防止国有财产流失，实现国有资产的保值增值；（3）代为处置（修复、恢复等），这在生态环境和资源保护领域较为常见；（4）日常巡查（检查）、报告等，虽然它们在行政诉讼中属于不可诉的内部行政行为，但在公益保护工作中却往往是行政机关采取监管措施的基础；（5）提起生态环境损害赔偿诉讼；（6）其他如告诫、约谈等。

因此，在行政机关依法具有履职主体资格的前提下，还应对其具有的履职手段进行充分判断，否则，如果法律仅规定行政机关对某事项负责，但并未赋予其相应的监管手段，即便检察机关将其作为被监督对象，最终也可能无法实现公益保护目的。

四、行政公益诉讼“监督管理职责”认定的优化建议

（一）充分发挥法治保障作用，增强对“监督管理职责”的深入理解

针对目前存在对“监督管理职责”内涵认识不全面的问题，笔者建议：一是以检察公益诉讼法立法为契机，在立法层面对“监督管理职责”的内涵等行政公益诉讼制度独有的概念、理念、价值等作出具体阐释，为司法实践和行政执法明确方向。二是注重发挥行政公益诉讼案件维护客观法秩序的功能和作用，对于行政机关未能对自身职责形成正确认识的，要坚决以“以诉的确认体现司法价值的引领”。如前述检例第162号案中，当被告朝阳乡政府在履职时仍对自身职责存有异议时，检察机关通过保留确认违法的诉讼请求，通过法院裁判明确行政

机关履职的法定标准，更有利于促进形成行政执法与司法共识。[①]

（二）依法认定“监督管理职责”的同时，加强对规章以下规范性文件的合法性审查力度

一般将属于《立法法》适用范围的法律、法规和规章作为行政诉讼中行政机关法定职责的法源。[②] 根据 2018 年最高法《关于适用〈中华人民共和国行政诉讼法〉的解释》第 100 条规定，人民法院审理行政案件，可以在裁判文书中引用合法有效的规章及其他规范性文件。因此，检察机关在办案时可以依据法律法规规章及其他规范性文件对行政机关的“监督管理职责”进行认定，同时还应对规章以下的规范性文件进行合法性审查，避免因其违反上位法无效而导致败诉。

（三）遵循直接监管原则，对行政机关的履职能力进行充分判断

如前所述，行政公益诉讼中综合监管部门和行业监管部门均为被监督对象。检察机关在办案时应遵循直接监管原则，从最直接最有效保护公益角度确定被监督对象，应将具有直接监管手段、履职能力最强的行业监管部门作为被监督对象，由其直接参与公益损害修复工作更为便捷和高效；而在公益损害复杂、涉及多家行政机关职责交叉、职责不明或者需要协同治理时，则将综合监督部门作为单独或共同被监督对象发挥其统筹协调作用，从而实现公益保护目的。

---

① 参见王冲、胡婷婷：《涉环保监管职责行政公益诉讼难点与应对》，载《中国检察官》2022 年第 22 期。

② 参见何海波：《行政诉讼法》（第二版），法律出版社 2016 年版，第 263 页。

大数据时代个人信息保护与行政公益诉讼分析

杨清烨　孔　笛*

引　言

大数据时代的来临，改变了人们的日常生活和行为方式，人们被数据的这股洪流向前推动，大数据产业作为新的经济增长点无声地改变人们的同时，也悄然渗入了各个行业，成为重要的生产因素。① 然而在这样的时代背景下，信息技术也成了公民个人信息安全的重要隐患。个人信息收集、使用的不规范导致信息泄露、滥用，给人们带来困扰的同时，严重威胁公民的财产安全和人身安全，带来不可估量的后果。而我国现有的个人信息保护的相关立法并不能满足当前人们急需的对个人信息安全的有效保护，也存在着法律救济不全面、法律体系不完善等问题，针对大数据时代个人信息安全问题，行政公益诉讼的及时介入，能很好地降低因个人信息泄露所造成的不良社会影响，兼顾个人信息的保护和利用。

一、大数据时代下个人信息立法保护的概述

（一）大数据内涵与公民个人信息界定

“大数据”一词的内涵在我国并无明确、公认的界定。因此，我们

---

*　杨清烨，河南省焦作市马村区人民检察院党组书记、检察长，四级高级检察官；孔笛，河南省焦作市马村区人民检察院第二检察部检察官助理。

①　参见张平:《大数据时代个人信息保护的立法选择》，载《北京大学学报（哲学社会科学版）》2017年第3期。

这样定义大数据——一方面，大数据反映的是数据数量规模巨大，大到无法在一定时间内用一般性的常规软件或传统的信息处理工具对数据进行收集、组织和处理；另一方面，大数据是指对海量数据进行采集、存储、整理、计算和分析的一种新的技术体系和应用系统。[①]而这样的大数据无疑是广泛的、开放的且动态的。其广泛性具体表现在大数据完全融入了科技、教育、娱乐等多个领域，数据数量的巨大也超出我们的想象，随着人们生活的改变，数据也在不断地更新；开放性具体体现在随着互联网技术的发展，人们的生活越来越智能化，网上购物、社交软件平台等无不留下人们浏览的痕迹。政府信息公开、法院直播庭审等也都体现了大数据的开放性；动态性则具体体现在大数据时代数据收集的时效性，由于互联网的不断发展，可以更加快速地在线采集数据并进行处理分析，反映当下实际状况。

个人信息在大数据时代也有其新的内涵。我国《中华人民共和国网络安全法》第76条规定："个人信息，是指以电子或者其他方式记录的能够单独或者与其他信息结合识别自然人个人身份的各种信息，包括但不限于自然人的姓名、出生日期、身份证件号码、个人生物识别信息、住址、电话号码等。"各国立法关于个人信息的定义并不完全统一，但其内核基本类似。[②]从该规定中可以看出，可识别性是个人信息的一个重要特征。个人信息可以突出个人特征，通过大数据技术的处理，可以直接或间接地用来识别特定的人。个人信息是通过姓名、肖像、身份证件号码等直接识别个人信息。间接个人信息是指职业、爱好、学历、住址等通过大数据分析进一步确认具体个人的身份信息。因此，大数据时代的个人信息不仅可以直接或间接地识别特定自然人

① 参见徐亚：《大数据时代我国个人信息立法保护研究》，广东财经大学2017年硕士学位论文。

② 参见张依蔓：《大数据背景下个人信息法律保护研究》，中国人民公安大学2020年硕士学位论文。

的身份信息，还可以将数据作为个人信息的载体。

（二）大数据时代对个人信息保护的必要性

在现代社会，人们的生活与互联网息息相关，也就使得大数据渗透到了我们的生活、工作、娱乐等方方面面。互联网成了大数据的最大来源之一。公民的个人信息安全正面临着新的危机，个人信息保护面临巨大挑战。

首先，是对个人信息的不当采集。近年来，随着网络技术的发展，智能化时代的进步，人们对网络、电子产品的依赖度越来越高，个人信息被收集的方式也越来越隐蔽，收集的范围越来越广泛。实践中，线上的各类电商平台，社交软件以及线下活动大量填写个人信息的表单，无不体现出对个人信息的超范围收集。商家推出的优惠券、会员等活动也以诱导的方式促使消费者提供个人信息登记、注册。不仅如此，大数据技术可以利用已掌握信息通过分析处理对特定人形成较为完整的人物形象，进而对特定人进行更全面的分析，比如利用对个人网络行为痕迹的不当采集，通过收集个人消费信息、行为信息等并加以分析所得出的结果对特定人进行个性化服务，如网络购物的推送等。

其次，大数据时代背景下，个人信息面临卷入大数据分析流程的极高风险。相较于传统数据时代，个人信息的泄露是小概率事件。然而在大数据时代，无处不在的移动互联网络使得规模化的数据处理增加了数据流转的不可控风险。尤其是个人相关的重要信息，没有专门法的保护，数据一旦传播，将会给个人带来不可估量的后果。

最后，在大数据时代，个人信息已成为经济链条中的一环。由于个人信息的商业价值日益凸显，个人信息的泄露使不法分子利用其本身的价值非法出售个人信息，且近年来犯罪频次较高，个人信息的泄露涉及行业较广，比如电信业、快递业、银行等多个行业，由个人信息泄露引起的电信诈骗等犯罪行为对个人信息的侵犯屡禁不止。

综上所述，种种事件表明了大数据时代个人信息安全立法保护的必要性和紧迫性。随着大数据技术的发展、产业的进一步推进，我国传统的个人信息保护框架将会进一步受到大数据的冲击。对个人信息进行法律保护，不仅是保护公民个人权益，而且对社会秩序的稳定，以及社会经济的发展都大有裨益。所以，加强对个人信息的立法保护是当务之急。

（三）大数据时代的个人信息严重泄露的原因

随着技术的发展，信息电子化的获取更加容易，再加上法律对于信息保护的监管措施和规制远滞后于当前社会发展的实际需要，导致个人信息的泄露、滥用屡见不鲜。上述对个人信息的不当收集、滥用等行为，主要与下列因素相关。

个人信息的管理与使用不当是导致信息被泄露、滥用的直接原因。在大数据时代，信息的收集、使用、处理都高度数字化、智能化，网络购物、在线教育、预约挂号、无线上网等，个人信息的电子化渗透到人们生活的方方面面。一旦这些个人电子信息管理不当，就会成为网络公开售卖的对象，进而成为商家细分对象，精准投送广告的重要渠道。从目前信息泄露事件来看，首先是以互联网为载体的信息泄露成了主要渠道，典型的包括浏览器搜索引擎、网络购物、网络社交软件等，其次是各类信息管理机构，如银行、学校、酒店等也成为信息泄露的潜在高危区。

大数据时代个人信息的商业价值和社会价值日益突出。与传统数据时代相比，个人信息仅限于对主体身份的识别，其本身的价值并未受到重视。而在互联网时代，信息是互联网各企业发展的基础性资源，对企业在商业决策、精准化销售、提升客户体验等多方面的效益日益凸显，个人信息成为各大企业未来发展的驱动力。越来越多的企业乃至政府都对个人信息的需求急剧增加，依靠大数据技术分析作出更为精准的决策。[①]

个人信息保护意识的淡薄和法律存在漏洞，是个人信息被非法滥用的重要因素。在传统数据时代，个人对自身信息的掌控力较强，一般情况难以被外界盗取。而在大数据时代，对个人信息的巨大需求以及个人信息收集成本低，个人信息被收集后可能发生的风险并未被社会主体所了解，导致个人信息的保护意识淡薄。再者，目前我国对个人信息的立法保护还不尽完善，这也是造成个人信息被非法滥用的不可忽视的重要因素。尽管我国在对个人信息的侵权问题等也有相应的法律法规，但这些规定难以满足对个人信息保护的需求。个人信息的侵权案件也从背后折射出法律监管的不足，以及法律对个人信息保护的滞后。

二、大数据时代国外个人信息保护的立法现状

（一）美国分散和行业自律立法保护模式

在美国对个人信息保护倾向于用“隐私”这一概念，即对公民个人信息的保护，实质上是保护公民的隐私权。和欧洲国家不同的是，美国在对个人信息的保护方面并没有统一的立法，在保护个人信息的具体制度方面，在公共领域美国采取了分散立法的模式，在私领域采取了行业自律的模式。

在美国，分散立法主要是针对公共领域下公权力对个人信息的侵权行为所作的规定，目的是进一步防止公权力侵犯个体隐私活动。而分散立法是部门立法没有专门立法，只针对部门所管辖的事务进行立

① 参见孙鹏：《大数据时代个人信息保护的立法构建》，华东政法大学2015年硕士学位论文。

法保护。其基础立法是1974年颁布的《隐私权法》。这部法律对联邦政府针对个人信息的收集行为等活动进行了严格的规定，且仅适用于联邦部会以上的机构，适用范围较小。美国的分散立法模式，出现对个人信息保护的立法缺乏整体性的问题，在司法上更加难以协调。并且其立法保护侧重于对联邦政府的规范，而忽略了对各州及商业机构等的法律规制。这种情况下对个人信息的保护不尽全面，更容易出现信息被侵犯的事件，使信息主体利益受损。

此外，美国在非公共领域也就是私领域的范围，针对个人信息保护适用行业自律的模式。此时的美国已经深刻认识到个人信息所蕴含的巨大的经济价值和商业价值。而行业组织对公司企业的指导不仅可以规范公司企业内部对个人信息的规范利用，保护个人信息的同时也激发了市场活力，促进个人信息利用的良性循环。这种行业自律模式并不是民间机构自发作出的行为规范，而是在政府专门的引导下产生的一种自下而上的模式。美国虽然认同个人信息应当被有效保护，但同时也认为这种保护并不一定要高于经济利益。如果对个人信息的流通进行严格限制，必将会阻碍电子商务的发展。如何平衡大数据时代个人信息的保护与经济发展是美国政府思考的问题。而行业自律模式的出现很好地解决了这一问题。一方面，许多著名公司都参加了某种行业组织，加入后它们必须遵守行业组织内制定的行为规范标准，所以只要行业组织来制定个人信息保护的行为规范，这些公司就必须遵守。另一方面，针对个人信息保护，美国给予各企业相当大的自主性。在市场优胜劣汰的机制下，只有为个人提供更安全优质的服务企业才能得到长足的发展，因此各信息企业对个人信息都设置了较为严格的保密机制。[①]

---

① 参见魏红梅:《大数据时代个人信息权的立法保护》，河北师范大学2018年硕士学位论文。

（二）欧盟统一立法保护模式

从19世纪70年代开始，欧洲各国就互联网的发展率先开了对个人信息保护的先河。维护信息主体的人格尊严和自由，保护信息安全，是欧洲各国制定个人信息保护法律制度的立法理念。1995年，欧盟颁布了《关于保护个人信息的操作和自由流动的指令》，准确表达了欧盟的立法理念，对欧盟个人信息的保护起到了基础性的作用。直到2016年5月，欧盟新公布的《一般数据保护条例》在完善数据的跨境流通、个人数据权利等多方面进行改革，不仅进一步加强了大数据时代下对个人信息的保护，也为欧盟数字化市场的统一奠定了基础。

从欧盟对个人信息保护的相关法律可知，欧盟对个人信息立法保护模式有以下特点：第一，统一立法。对个人信息的立法在全国范围内统一立法，即所有有关个人信息的行为活动都由法律进行规制，同时，这种统一的立法模式有利于协调和规制全国各领域一切个人信息处理行为。第二，承认公民享有个人信息权。欧盟对个人信息的保护的相关立法规定了适用范围、保护原则及个人信息权内容，对之后的其他国家的立法具有巨大影响。第三，确立专门的个人信息保护机构。其主要职能是在信息主体对监督机构的决定不服时可以向法院起诉。

（三）日本综合立法保护模式

随着计算机在日本的普及，个人信息也进入了非公共机构领域。日本基于其国情，对个人信息采取综合立法保护模式，即统一立法和行业自律相结合的模式，以一部法律规制所有个人信息处理行为，同时为辅助该法实施，日本对以往部门立法模式中涉及个人信息保护规定进行完善，使个人信息立法更体系化。

大数据时代的到来赋予个人信息更高价值的同时，如何有效利用这些数据也是需要我们思考的问题。首先，日本在2015年通过了《个人信息保护法》的修正案，该法更加注重对公民人权的保护，顺应了大数据时代的发展，将指纹、面部识别等“特殊信息”纳入到个人信息保护范围中，扩大了个人信息的定义，进一步加强对个人信息的保护。其次，日本设立了专门的监管机构，进一步加大了对个人信息泄露的处罚力度。最后，为了促进个人数据流通和利用以适应大数据时代的发展，新法规定了将个人信息匿名化处理，使处理后的个人信息无法还原到可识别特定人的状态。这样不仅解决了个人数据保护和数据流通的冲突，促进个人数据有效利用的健康发展，还给予了公众更多信息保护的安全感。

三、大数据时代国内个人信息保护的立法现状

与国外的个人信息立法相比，我国的个人信息立法起步较晚。我国个人信息的立法保护与互联网的发展密切相关，不同于美国、欧盟等国家，从传统的数据时代到现在，立法保护有一个演进的过程。随着互联网大数据时代的到来，个人信息的保护是一个综合性的法律问题。其侵权行为不仅需要民法的保护，更需要行政法等部门法的规制。但是，个人信息保护立法相对分散，相对冗杂的立法状况在个人信息泄露、非法采集等严峻形势面前已无法从容应对，《个人信息保护法》是我国个人信息保护近年来的总结归纳与创新，也是改善目前形势、探索制度道路的必然选择。但同时我国对个人信息立法保护呈现碎片化，现有的各法律规定中多数具体规则过于宽泛。结果造成各部门法中规定了个人信息不得泄露，却没有细化出具体的公民应具有的关于个人信息权的确权，只能根据个别法规法条推导出具体的权利，如更正权、知情权等。同时，我国尚未有统一的个人信息保护专门监管机构，因为各部门之间监管界限不清以及权责部分重合，相互推诿的情况时有发生，以至于我国涉及个人信息保护的各监管机构难

以发挥真正的作用。

四、大数据时代下行政公益诉讼对个人信息保护的必要性

大数据时代的到来给人们带来了方便和效率。同时，我们也要认识到，社会的发展和技术的进步不能以牺牲个人利益为代价。在大数据时代，个人的权利应该得到更全面的保护。保护个人信息已成为构建稳定社会的重要基础。保护公民个人信息权益，不仅关系到信息产业的健康发展、信息流通的畅通，还关系到社会的长治久安和有序保障。这对大数据时代的我国公民具有重要意义。目前行政公益诉讼对个人信息的保护亟须制度化与常态化。就当前情况来看，现实中行政公益诉讼也面临着多种影响因素，对该行业的监管仍多停留于“填补式”“亡羊补牢”等模式，而从法律源头未雨绸缪式的防控并不多。旨在保护社会公益的行政公益诉讼，有必要也必须介入到个人信息领域发挥智能作用，推进大数据产业健康发展，进而助推国家治理体系和治理能力的现代化。

（一）行政公益诉讼保护个人信息安全的价值突出

在实践中，行政公益诉讼具备预防性监督价值，检察机关履职监督具有极强的主动性。修订后的《行政诉讼法》第25条第4款明确行政公益诉讼的案件来源为“在履行职责中发现”，赋予检察机关对公益损害事项主动发现、调查取证并自主启动程序的法定权限，使其彰显预防性监督价值，甚至不拘泥于群众举报而主动发现、查找、挖掘公益损害线索而开展监督，具有极强的主动性，符合个人信息保护从根源未雨绸缪的要求，从根源上肃清个人信息安全隐患，确保人民群众个人信息安全。

大数据时代下个人信息不仅仅涉及个人财产的私权益，还兼顾流

通、开发、利用的公益价值。过度的个人信息保护将会限制其合理利用开发，从《民法典》对个人信息相关规定也印证这一点，《民法典》第111条仅规定自然人的个人信息受保护，并未明确自然人享有个人信息权。为保持数据产业健康发展，大数据时代下个人信息保护应当兼顾保护与开发利用双重价值。一方面避免个人信息的滥用，另一方面又应对个人信息进行合理开发利用。行政公益诉讼审前程序是检察机关起诉前法定、必经的前置程序，其旨在通过检察建议督促行政机关依法行政、保护公益，实现行政权自我纠错、自我监督，达到以较少资源保护公益、避免烂诉的目的，有助于个人信息保护与合理开发利用的衡平，营造个人信息流通、开发、利用的良好环境。

大数据时代下海量的个人信息快速流通、爆炸性泄露很难通过刑事、民事诉讼得到完全保护。民事救济具有维权成本高、回报率低等现实问题，而刑事打击存在取证难、证明标准高、救济滞后等片面性，且目前非法使用个人信息在认定电信诈骗、敲诈勒索、抢劫绑架等犯罪时有一定制约效果，但在实践中能以相应罪名认定的个人信息非法使用或提起民事诉讼的终是少数。而现实中大量的个人信息非法使用并未造成重大财产损失或人身损伤，通常不会进入规制视线，例如未经个人许可，将个人信息用于各种商业推广、精准营销等。总而言之，传统保护方式侧重个案打击，难以形成全局性、整体性社会效果，因此行政公益诉讼秉持最后救济原则介入起到了很好的作用。

（二）个人信息行政公益诉讼保护的现实紧迫需求

个人信息开发利用的公关价值凸显，随着信息通信技术不断发展，各类人工智能技术不断升级，尤其是随着5G时代的到来，人类社会正逐步由信息社会迈入大数据时代。随之而来的便是各种网络智能终端迅速普及，信息和数据成为促进现代产业转型与可持续发展的重要因素。此外，大数据时代下各类新营销模式不断发展，针对大量个人信息进行二次加工实现精准营销，业务推广及个性化服务，为企业创造了大量的财富。在社会治理层面，随着国家治理体系和治理能力现代化发展，行政管理的有效实施，要求政府掌握详实准确的管理对象与职权范围内的个人信息，公共治理、现代治安防范、传染病防治等均需要充分应用大数据。旨在保护社会公益的行政公益诉讼，有必要也必须介入到个人信息领域发挥智能作用，推进数据产业健康发展，进而助推国家治理体系和治理能力的现代化。

结束语

大数据技术带来的益处数不胜数，但其对社会的要求也日益增多。在大数据时代日新月异的信息技术下，个人信息更应寻求开放与保护的衡平状态。现阶段，我国大数据个人信息保护的理论研究不足，与我国现在大力推进数据的整合、流通和数据产业的发展不相匹配，如若长期如此，那与我们一直秉承的大数据技术服务于民的理念渐行渐远，无法满足社会的发展和现实的需要。而检察院行政公益诉讼在处理个人信息保护上具有一定程度的预先性、衡平性，补位性，这也彰显了行政公益诉讼在个人信息保护中的重要作用。现实层面民事、刑事以及行政方面的救济不力也在呼唤行政公益诉讼制度的到来。大数据时代，个人信息保护已成为衡量国家法制文明和法制水平的重要指针，也是促进大数据行业发展极大的助力。

食品安全领域民事公益诉讼惩罚性赔偿制度完善研究

王红丽* 卢佳佳**

一、案件概述

自2018年10月以来，徐某明知“袋鼠精”等性保健品中含有西地那非等严禁添加的成分，仍然通过淘宝网店、手机微信等渠道销售，销售总额达300994元。其中徐某通过微信销售给杨某“袋鼠精”等性保健品共计45057元。杨某明知上述性保健品含有西地那非等严禁添加的成分仍然通过淘宝和微信渠道加价予以销售，销售总额为85436.8元。其中杨某通过淘宝网店销售给肖某“袋鼠精”共计1236元，肖某在其经营的药房进行销售，销售金额共计450元。检察机关对该案提起公诉的同时提起刑事附带民事公益诉讼，对3名被告人提出销售有毒有害食品价款10倍的惩罚性赔偿金。法院判决徐某、杨某及肖某分别承担惩罚性赔偿金3009940元、854368元、4500元，扣减追缴的违法所得、刑事罚金后应支付的惩罚性赔偿金分别为2171621.1元、674368元、3500元。

二、惩罚性赔偿的概念及国内外研究综述

惩罚性赔偿，又称报复性赔偿，是指不法行为人违反法律规定，给受害人造成财产或者人身损害，由法院判决的赔偿数额超出实际损

* 王红丽，山东省威海市人民检察院法律政策研究室主任；卢佳佳，山东省威海经济技术开发区人民检察院二级检察官。

害数额的赔偿。[①] 惩罚性赔偿是加重赔偿的一种原则，具有威慑作用，除对被告人故意侵权行为造成的损失进行弥补之外，通过增加罚款，对被告进行处罚以防止将来重犯，也达到惩戒他人的目的。其实质是对民事诉讼中损害赔偿责任的衍变，作为一种特殊的惩罚制度，旨在加重对违法行为人的责任追究。

（一）惩罚性赔偿制度的国内研究综述

针对食品安全违法行为严重损害群众生命健康的情况，我国1993年颁布的《消费者权益保护法》第49条首次引入惩罚性赔偿制度，以固定一倍确定惩罚性赔偿的数额。经过多年的发展，惩罚性赔偿制度在《食品安全法》及《侵权责任法》等法律及司法解释中均有所涉及，并逐渐勾勒出我国食品安全领域惩罚性赔偿制度的框架。2009年实施的《食品安全法》第96条第2款规定，消费者可以向生产者或者销售者要求赔偿损失并给予食品价款10倍的赔偿金，这是我国在食品安全领域第一次明确提出惩罚性赔偿制度。2010年实施的《侵权责任法》引入了惩罚性赔偿，第47条规定："明知产品存在缺陷仍然生产、销售，造成他人死亡或者健康严重损害的，被侵权人有权请求相应的惩罚性赔偿。"但该法仅规定了"相应的惩罚性赔偿"，未规定惩罚性赔偿数额的确定标准。2013年《消费者权益保护法》对原法进行了修改，第55条在数额方面将"一倍"增加到"三倍"并规定了保底数额500元。另外还增加了第2款，确定了消费者或者其他受害人死亡或者健康严重损害的，可以主张所受损失2倍以下的惩罚性赔偿，赋予了法官自由裁量权。2015年实施的《食品安全法》对原法重新进行了修订，第148条第2款除规定了销售10倍价款的赔偿金外，还增加了"损失三倍"的赔偿金及保底数额1000元。2017年实施的《民法总则》第

---

① 参见王利明：《惩罚性赔偿研究》，载《中国社会科学》2000年第4期。

179 条第 2 款规定："法律规定惩罚性赔偿的，依照其规定。"2021 年 1 月 1 日起实施的《民法典》第 1207 条规定："明知产品存在缺陷仍然生产、销售，或者没有依据前条规定采取有效补救措施，造成他人死亡或者健康严重损害的，被侵权人有权请求相应的惩罚性赔偿。"该规定不仅为民众维权提供了更高的法律依据，还赋予了公益诉讼起诉人实体法强有力的支持。

（二）惩罚性赔偿的国外研究综述

从现代法意义上来讲，"惩罚性赔偿"来源于 18 世纪英美法系的判例，最早发源于英国，《牛津法律大辞典》对惩罚性赔偿的解释，是指综合了对加害人的惩罚以及受害人补偿的赔偿，表明法院或陪审团对被告恶意侵权行为的否定性评价。[①] 但美国法对该制度的适用更加全面合理，美国的惩罚性赔偿金制度是以受害人受到的实际损害为基数，由法官在法律规定的最高限额内根据受害者的损失大小、加害人主观恶意程度、经济能力、造成的社会危害大小等因素进行自由裁量，确定赔偿金的具体数额。随着立法的发展，英美法系国家关于惩罚性赔偿内容、金额、具体规定等逐渐形成一套成熟的标准，确立了现有的食品领域惩罚性赔偿制度。大陆法系不同于英美法系，与英美法系相比，大陆法系一般考虑更多的是受害人所遭受的实际损失。德国是大陆法系最典型的国家之一，对惩罚性赔偿制度虽没有法律的明文规定，但持默认或者部分认同的态度，在实践中通过保险赔付来实现赔偿。[②] 日本的赔偿制度通常是结合补偿性赔偿和惩罚性赔偿。现实当中的学者只是在理论层面对惩罚性赔偿制度进行研究，在实务中通常

---

① 参见《牛津法律大辞典》翻译委员会:《牛津法律大辞典》，光明日报出版社 1989 年版，第 322 页。

② 参见王利明:《违约责任论》，中国政法大学出版社 2000 年版。

是不支持的，对惩罚性赔偿持保守态度。[①]

(三)国内外关于惩罚性赔偿金的计算模式

目前，世界各国关于惩罚性赔偿金的计算模式主要有三种类型：赔偿数额倍数模式、赔偿数额无限制模式、赔偿数额浮动模式。[②]

1. 赔偿数额倍数模式，是指法律规定以销售额或者损失额为基数，采取固定倍数的计算方式。我国《消费者权益保护法》第55条和《食品安全法》第148条就是采用的固定倍数模式。这种模式计算简单，法官可直接引用法条，不受外界因素干扰，判决结果相对公平公正，但不能权衡行为人的主观过错、损害后果等因素，缺乏灵活性、针对性，因此难以达到责任与惩罚相适应的效果。

2. 赔偿数额无限制模式，是指法律虽规定惩罚性赔偿，但未规定赔偿的具体倍数，赔偿数额由法官自由裁量的计算方式。我国《民法典》第1207条即采用这种模式。在此种模式下，法官可根据案情作出不同赔偿数额的判决，但自由裁量权过大，容易导致权力滥用，影响办案的公平正义，另外，法律的不确定性也无法给予大众明确的行为指引。

3. 赔偿数额浮动模式，是指对赔偿数额的上限或者下限作出规定，采用数额浮动的计算方式，法官在规定范围内拥有一定的自由裁量权，可视案情作出适当的判决。该种模式摒弃了前两种模式的不足之处，是目前相对合理的一种赔偿模式。

---

① 参见刘静姝:《论〈食品安全法〉惩罚性赔偿制度》，中国社会科学院研究生院2019年硕士学位论文。

② 参见金福海:《惩罚性赔偿制度研究》，法律出版社2009年版，第234页。

三、食品安全民事公益诉讼惩罚性赔偿制度的立法探索

2017年，最高人民检察院《关于加大食药领域公益诉讼案件办理力度的通知》明确，可以探索提出惩罚性赔偿的诉讼请求。中共中央、国务院于2019年5月印发的《关于深化改革加强食品安全工作的意见》中提出，探索建立食品安全民事公益诉讼惩罚性赔偿制度；2020年7月，最高人民检察院与中央网信办、国务院食品安全办等部门共同印发《关于在检察公益诉讼中加强协作配合依法保障食品药品安全的意见》，对在食品药品领域民事公益诉讼中探索提出惩罚性赔偿诉讼请求达成了共识。2021年3月30日，最高人民检察院与最高人民法院、农业农村部、国家市场监督管理总局、国家粮食和物资储备局等七部门共同印发了《探索建立食品安全民事公益诉讼惩罚性赔偿制度座谈会会议纪要》，就深化实践探索、推动制度建立相关问题达成共识。[①] 2021年7月1日起施行的《人民检察院公益诉讼办案规则》第98条规定“人民检察院可以向人民法院提出要求被告停止侵害、排除妨碍、消除危险、恢复原状、赔偿损失等诉讼请求。针对不同领域案件，还可以提出以下诉讼请求：……（二）食品药品安全领域案件，可以提出要求被告召回并依法处置相关食品药品以及承担相关费用和惩罚性赔偿等诉讼请求；……”2024年8月22日起施行的最高人民法院《关于审理食品药品惩罚性赔偿纠纷案件适用法律若干问题的解释》对保护普通消费者维权、退款和返还食品药品、惩罚性赔偿责任竞合、惩罚性赔偿金基数认定等内容作出规定。上述规定为检察机关提起民事公益诉讼惩罚性赔偿提供了遵循和指引。

---

① 参见最高人民检察院官网公益诉讼检察厅工作文件《探索建立食品安全民事公益诉讼惩罚性赔偿制度座谈会会议纪要》。

四、检察机关提起食品安全领域民事公益诉讼的必要性

（一）检察机关探索惩罚性赔偿制度有利于保护社会公共利益

食品安全领域民事公益诉讼的特点为受害人人数众多，并且范围分散、不集中，个体受到的损失金额较少。试想一下，我们在路边吃了几个包子、几根油条，可能不会有强烈不适或者不会将自身不适与包子、油条的质量问题联系起来，或者即使发现包子、油条有质量问题，但也通常没有保留购物小票、残余食物等证据。考虑到高额的维权成本和繁琐的诉讼过程，若选择诉讼维护自己的合法权益，往往会感觉得不偿失，此种情况下通常会放弃诉讼，选择沉默。但是当无数单一消费者都选择沉默的时候，会使不法行为人的获益巨大，这也更加助长了其嚣张气焰，纵容了违法犯罪行为。这些选择沉默的身份不能确定的消费者就自然变成不特定多数消费者，如果其受到的损害不能得到有效救济、不法行为人的生产或经营行为得不到有力制裁，正当的生产、经营秩序得不到有效恢复，便足以对公共利益造成损害。检察机关提出民事公益诉讼惩罚性赔偿诉讼请求，就是要强力惩罚和震慑危害社会公共利益的违法犯罪行为，增加其违法成本，减少犯罪的产生。

（二）检察机关探索惩罚性赔偿制度顺应检察工作发展和社会需要

食品安全问题之所以屡禁不止，究其原因在于违法成本过低，公众的维权意识、证据意识较差，使得不法行为人有恃无恐。在这种背景下，需要有专门的机关代表公益进行维权。检察机关是社会公共利益的代表，在调查取证、经费设备保障、沟通协调能力等方面具有其他机关和普通公民无可比拟的优势，由检察机关提起公益诉讼，既解决了普通消费者在诉讼中的弱势地位问题，又能对危害食品安全的行

为进行有力打击。且随着近年来公益诉讼工作的开展，各级检察机关均强化了公益诉讼专业知识培训，并加强上下一体化机制，认真解决具体困难和问题，围绕“履职、公益、损害”调查取证，对事实证据把握、违法主体确认、诉讼请求甄别严格把关，高效、准确地启动和进行诉讼，确保集中最大力量保护公益。检察机关也聆听民声、顺应民意，尽自己最大的努力解决人民群众反映强烈的食品安全问题。

五、食品安全民事公益诉讼适用惩罚性赔偿制度存在的问题

由于目前我国法律、司法解释对食品安全民事公益诉讼惩罚性赔偿制度的规定尚不够明确，未形成完整的体系，司法实践中关于该制度的适用等问题还存在一些不同的认识，如在上述案例中关于惩罚性赔偿数额的认定标准、3 名被告人责任的分担、赔偿金管理使用等方面，仍有诸多困惑的地方需要进一步研究探讨。

（一）检察机关提起公益诉讼惩罚性赔偿诉讼请求的依据存在不足

1. 食品安全法以及消费者权益保护法能否适用于民事公益诉讼并无明确规定。检察机关在探索阶段通常以《食品安全法》第 148 条或《消费者权益保护法》第 55 条为依据提出惩罚性赔偿金。但上述法条的立法本意在于保护消费者的个体利益，消费者以其支付金额为基数要求销售者承担价款 10 倍或者损失 3 倍的惩罚性赔偿金，既可保护其自身利益，也会对销售者进行相应的惩罚，是建立在私益保护的基础之上的。因私益与公益保护存在一定的价值冲突，是否能适用于公益诉讼，作为检察机关提起公益诉讼的请求依据，并无法律法规的明确规定。

2. 检察机关办理公益诉讼惩罚性赔偿案件适用法律标准不一。实践中，部分检察机关依据《食品安全法》第148条主张10倍惩罚性赔偿金，也有部分检察机关依据《消费者权益保护法》第55条，就生产者、销售者的欺诈行为提出3倍惩罚性赔偿金，各地法院也有支持10倍和3倍的不同判例。如果是消费者个人起诉，其可自由行使自己的诉权要求10倍赔偿金，亦可放弃自己的部分权利选择要求赔付3倍赔偿金。但检察机关是公共利益的代表，是否有权自由选择要求支付3倍或是10倍的惩罚性赔偿金，是否有权放弃部分实体处分权选择3倍惩罚性赔偿金，如果选择3倍惩罚性赔偿金，届时无法完全赔付众多不特定消费者的损失该如何处理等，这些都是检察机关在实践中需要面临的问题。

（二）食品安全民事公益诉讼惩罚性赔偿金基数确定存在争议

1. 销售价款的计算存在争议。检察机关提起公益诉讼维护的是不特定多数消费者的合法权益，在这种情形下无法对每个消费者的消费金额进行统计，只能以不法行为人一段时间内生产、销售的总额为基数进行计算，且通常以侦查认定的销售数额作为赔偿金的计算基数。但刑事证据要求排除合理怀疑，民事证据要求高度盖然性，二者标准不统一，可能导致刑事部分认定的销售数额比实际销售数额低。而如果单独提起民事公益诉讼，可以不受刑事案件认定的销售数额限制，但检察机关办理公益诉讼案件调查手段有限，“不得采取限制人身自由或者查封、扣押、冻结财产等强制性措施”。因此如果不依附于侦查部门，可能很难将违法事实及销售数额查清。

2. 多层销售案件中的惩罚性赔偿金分配存在难点。如上述案例中直接以徐某、杨某、肖某三人的销售额为基数乘以10倍计算惩罚性赔偿金，虽然计算便捷但本质上有些不妥。因为在多层销售中，会有部分商品因多次流通而产生不同的销售价格，该部分商品最终流向的是同一个消费者，损害的是同一个消费者的利益，中间赚取差价的销售者并不算是本质意义上的消费者，如果以每个人分别的销售数额计算惩罚性赔偿金，会出现一个损害事实获得多个赔偿的情况，有违民法公平公正的原则。如果把重复销售的商品扣除，则需要分别核算上游销售者出售给次下游销售者、次下游销售者出售给最下游销售者、最下游销售者出售给普通消费者的商品数量及价款等，这中间有多少是重复的商品，重复的商品经过了几层销售、应该如何扣除等，计算过程非常繁琐复杂，而且还不一定能核算清楚。另外，实践中也必然会出现某些环节的生产者或者销售者没有到案的情况，这部分“漏网之鱼”又该如何处理等。

（三）以固定10倍系数计算的虚高惩罚性赔偿金存在弊端

1. 判决10倍赔偿金的案件占比高。近年来，民事公益诉讼案件惩罚性赔偿数额不断上涨，成百上千万元的赔偿数额屡见不鲜，有的案件甚至过了亿元大关。法检机关通常本着“杀一儆百”的态度，对侵权人科以固定10倍赔偿金的顶格处罚。笔者以“有毒有害食品”“公益诉讼”“惩罚性赔偿”为关键词，在阿尔法系统中查询最近一年相关的裁判文书，共检索到文书229份，输入“十倍”为关键词，检索出文书156件，占比68.1%。可见，在食品安全领域，法院支持10倍惩罚性赔偿金的案件占大多数。

2. 虚高赔偿金难以执行。重罚未必有效，通常来讲在行为人承受范围以内，赔偿金越高，惩罚效果越好，而如果超出了承受范围，赔偿金越高，越容易使法院判决沦为一纸空文，丧失了惩罚意义。另外，将多年的经营总额作为基数计算成百上千万元甚至过亿元的惩罚性赔偿金，对大多数普通经营者来说是致命的打击，不仅不利于恢复生产经营，还可能增加社会的不稳定因素。如前述案例，庭审中杨某表示可多方筹钱凑齐3倍惩罚性赔偿金、罚金、赃款等共计50余万元并实际缴纳，请求变更诉讼请求为3倍赔偿金，但最终综合多种因素未对诉讼请求进行变更。杨某自知无力支付10倍赔偿金，因此未积极筹款，判决至今半年多时间其财产执行也不足50万元，后续是否仍有财产可供执行也未可知。

（四）食品安全公益诉讼惩罚性赔偿金的管理使用存在混乱

检察机关并非生产、销售有毒有害食品不法行为的直接受害人，只是代表不特定多数消费者的公益诉讼起诉人，其诉请的惩罚性赔偿金在得到法院判决支持和实际履行后，必然会涉及赔偿金的管理使用问题。笔者通过查询阿尔法系统上的相关裁判文书，发现大多数法院判决将赔偿金上缴国库，这种方式虽然有一定的道理，但也存在不合理之处，如上缴国库后可能会改变它的用途，受害消费者是否可以要求返还，向哪个部门要求返还，通过何种方式和途径要求返还等，法律并没有明确规定。另外，有部分法院判决将赔偿金交至检察机关、法院，或者上缴公益诉讼专项基金账户，也有部分法院仅列明侵权人需要支付的惩罚性赔偿金数额，未明确要求上缴何处。实践中，对于惩罚性赔偿金的管理使用还存在一定的混乱，需要相关法律法规进一步明确。

（五）惩罚性赔偿金能否抵扣违法所得、刑事罚金判决存在差异

因刑事责任中的追缴违法所得、判处罚金与民事责任中的惩罚性赔偿金之间能否抵扣等标准不明确，导致实践中有的法院在确定惩罚性赔偿金时未将违法所得、刑事罚金予以抵扣，有的法院则予以抵扣，判决存在差异。如上述判决中，法院认为“根据《中华人民共和国行政处罚法》和其他法律、行政法规和司法解释的有关规定，性质相同的金钱，即行政罚款和刑事罚金竞合时，一般采用轻罚在重罚中折抵

的原则处理，以体现惩罚的谦抑，避免惩罚的过度。检察机关主张追缴的民事惩罚性赔偿金应上缴国库，与追缴违法所得、刑事罚金同属惩罚性债权，应当参照行政罚款与刑事竞合时相同的处理原则裁断，即向各被告人追缴的违法所得、罚金均应当在惩罚性赔偿金中予以抵扣”。因此，法院判决徐某、杨某、肖某在分别支付扣减罚金、追缴违法所得后的惩罚性赔偿金 2171621.1 元、674368 元、3500 元。

六、民事公益诉讼惩罚性赔偿制度的完善路径

完善公益诉讼惩罚性赔偿制度需要进一步坚持问题导向，从法律制度和司法实践两方面同时发力，切实为检察实践保驾护航。

（一）完善民事公益诉讼惩罚性赔偿相关法律法规

1. 细化公益诉讼惩罚性赔偿制度。虽然新施行的《人民检察院公益诉讼办案规则》赋予了检察机关对食品安全领域公益诉讼案件提出惩罚性赔偿的主体资格，但未对检察机关提出惩罚性赔偿金的适用法律、计算标准、管理使用等具体问题作出详细规定。建议立法部门多吸收检察机关实践探索的有益经验，以司法解释的形式对公益诉讼惩罚性赔偿制度进行完善，制定统一规范的标准，以更低成本、更高效率惩罚违法者，维护社会公共利益。

2. 在具体法律中增设公益诉讼惩罚性赔偿条款。可修改《食品安全法》《消费者权益保护法》等法律法规，增加检察公益诉讼惩罚性赔偿条款。如在上述法律中增设一款：“人民检察院在履行职责过程中发现经营者在提供商品或者服务过程中有侵害众多消费者合法权益等损害社会公共利益的行为，可以向人民法院提起诉讼，并有权要求经营者支付惩罚性赔偿金。”为检察机关提出惩罚性赔偿诉讼请求提供具体的法律依据，使诉讼有法可依，维护法律的统一性和权威性。

（二）合理确定民事公益诉讼惩罚性赔偿金的计算基数

1. 合理确定不法行为人的销售金额。食品安全公益诉讼案件通常以销售金额作为惩罚性赔偿金的计算基数，如果存在销售金额无法确定的情况，可以根据一般市场价格、购买者对同时期同类物品的支付价款、进货成本及销售利润推算等方式进行认定。

2. 把握多层销售的处理方式。在多层销售案件中，对多次流通的同一个物品，应以最后流入消费者手中的销售价格作为惩罚性赔偿金的计算基数，并由上下级销售者共同承担连带责任。对于某些环节无法查清的生产者与销售者可暂不追究其赔偿责任，检察机关可先向已查清违法事实的生产者与销售者提出惩罚性赔偿金，若日后有漏犯落网，检察机关可适时提起诉讼，要求其承担相应的赔偿责任。

3. 明确惩罚性赔偿不以消费者身体实际损害为要件。判断是否侵害众多不特定消费者合法权益、损害社会公共利益，应当以是否对众多不特定消费者造成食品安全潜在风险为前提，不仅包括消费者身体已遭受的实际损害，还包括潜在的损害，也即向众多不特定消费者销售明知是不符合食品安全标准的食品，应当认定为侵害众多不特定消费者合法权益、损害社会公共利益的情形。司法解释也明确规定，生产者或者经营者不能以未造成消费者人身损害为由抗辩而不承担责任。①

（三）合理确定民事公益诉讼惩罚性赔偿金的计算系数

1. 设置弹性的倍数区间。基于我国食品安全事件频发的现状和司法实践，同时参照世界各国关于惩罚性赔偿金的计算模式，为避免类似案件判决金额相差过大，笔者认为可采取浮动模式，设定具体的倍数区间，参照《食品安全法》《消费者权益保护法》中的“三倍”或

---

① 参见2020年12月8日公布的最高人民法院《关于审理食品安全民事纠纷案件适用法律若干问题的解释（一）》第10条。

“十倍”将系数区间确定为 3 倍至 10 倍，从立法上赋予法检部门一定的自由裁量权，根据案情确定合适倍数的赔偿金数额。

2. 综合多种因素合理自由裁量。行使自由裁量权可主要考虑以下因素，一是侵权人的违法行为次数、持续时间长短、主观过错程度等，判断行为人的主观恶性；二是侵权行为对消费者造成实际或潜在的损害程度、受害消费者的分布范围及人数等，判断不法行为的危害性；三是行为人的违法销售金额、因违法行为所获得的利益和刑事处罚等情况，权衡行为人的收益和违法成本，确保后者远高于前者；四是侵权人的经济状况等因素，判断其可承受能力及判决是否能够得到执行；五是增设惩罚性赔偿责任的从轻、减轻事由，如侵权人主动坦白并积极召回不合格食品、发布公告、积极赔偿等，可认定其悔过态度较好，从而降低赔偿数额。检察机关、法院应综合考虑上述因素并灵活适用，以达到惩罚与遏制违法行为的目的。

（四）规范食品安全公益诉讼惩罚性赔偿金的管理使用

1. 建议在地市或区级设立公益诉讼赔偿金专用账户。把惩罚性赔偿金纳入专用账户统一管理，依法统筹用于支付诉讼费用、消费者赔付或其他公益维权开支等事项。同时加强制度设计，强化公益资金使用的管理与监督。建议由当地财政部门承担主要管理职责，与检察机关、法院、市场监管部门等共同研究，制定出台公益诉讼赔偿金管理使用办法，由检察机关对资金流动进行监管，确保专项资金专款专用。受害消费者可以出具法院确认的赔偿标准，提供自己的身份证明，到财政部门申请领取自己的赔偿金。财政部门应严格审查受害人的资格，并规定一定的赔偿期限。若具体受害消费者的诉讼时效均到期后，可将赔偿金用于消费公益领域，以加强对食品市场的安全管控。

2. 完善消费者私益诉讼与公益诉讼惩罚性赔偿的衔接。对于民事公益诉讼惩罚性赔偿诉讼请求得到法院支持并执行到位后，又有消费者基于同一违法事实对同一被告人提起惩罚性赔偿诉求的，法院可先对案件事实进行审查，待确认支持消费者诉讼请求后出具判决书，并在判决书中注明消费者可到惩罚性赔偿金管理部门申领相应数额的赔偿金。此种模式既可及时维护受害人的合法权益，又可避免对不法行为人重复执行。若公益诉讼惩罚性赔偿金不足以支付众多消费者个体惩罚性赔偿诉请的，应当允许消费者个人另行申请执行，以保障其自身权益。

3. 完善民事公益诉讼惩罚性赔偿金的判决公示制度。目前，在支持惩罚性赔偿金的判决生效后，几乎未有相关部门对判决结果进行过公示，导致很多受害消费者并不知道与自己有利害关系的案件法院已经审理完毕并判决支持。建议完善相关法律规定，明确民事公益诉讼惩罚性赔偿诉讼请求得到法院判决支持后，检察机关或者法院应将判决结果通过一定渠道向社会公示，且一并公示赔偿金申领的时效、程序、方式等条件，使具有利害关系的消费者知晓并可积极主张权利，弥补所受损失，充分发挥公益诉讼惩罚性赔偿金的作用。

（五）厘清惩罚性赔偿金与刑事罚金、违法所得的关系

笔者认为，民事惩罚性赔偿金不应抵扣刑事罚金、违法所得，主要在于：一是惩罚性赔偿是民事赔偿，民事公益诉讼虽由检察机关提起，不属于私益诉讼，但归根结底仍为民事诉讼。《民法典》第 187 条规定，“民事主体因同一行为应当承担民事责任、行政责任和刑事责任的，承担行政责任或者刑事责任不影响承担民事责任；民事主体的财产不足以支付的，优先用于承担民事责任”。最高人民法院《关于审理食品药品纠纷案件适用法律若干问题的规定》第 14 条也明确规定，经营者因同一违法行为应当承担民事责任、行政责任和刑事责任的，承担行政责任或者刑事责任不影响承担民事责任。二是食品安全领域惩罚性赔偿制度的设立初衷在于严厉打击危害食品安全的行为，惩罚

不法经营者，对其他潜在的不法行为人起到威慑作用，这也体现了对食品安全“四个最严”的要求，使违法行为人“痛到不敢再犯”。如果违法所得、刑事罚金抵扣了惩罚性赔偿金，如上述案例，很多公益诉讼案件中的惩罚性赔偿金会大打折扣，有的甚至完全抵销，检察机关提起公益诉讼的效用也会极大减小。且在涉及共同犯罪或者有罪被告人与未被追究刑事责任的被告人需共同承担侵权责任等较为复杂的情形中，将刑事罚金抵扣民事惩罚性赔偿金的做法也会导致判决和执行的混乱。三是随着公益诉讼工作近年来的发展，相关配套制度也逐渐完善，很多地区设立了公益诉讼专用基金账户，在受到侵害的消费者需要赔偿时，可从基金账户里获偿。为了更好地维护受害消费者的合法权益，保证惩罚性赔偿金的数额，方便受害者日后维权，惩罚性赔偿金数额不应被违法所得、刑事罚金数额抵扣。

文物保护适用环境公益诉讼疑难辨析*

巩 固 王 永**

运用公益诉讼强化文物保护的必要性和可行性毋庸置疑。长期以来，由于专门立法缺失，实践中的文物保护公益诉讼主要是“借道”环境公益诉讼进行的。尽管这种“以环境保护之名行文物保护之实”的“错位保护”存在局限与不足，① 最新公布的《文物保护法》对创设独立的文物保护公益诉讼也已有所安排，② 但由于文物的广泛性、多样性及其与生态环境的复杂关系，未来文物保护领域仍有适用环境公益诉讼的广阔空间。文物（保护）与环境（保护）到底是何关系，环境公益诉讼相关制度和规则如何正确运用于不同类型文物的保护，无论在理论上还是实践中都存在不少模糊争议之处，有待辨析与厘清。本文对相关重点问题进行探讨，以为相关实践和制度完善提供参考。

一、保护对象：文物与环境

直观来看，文物与环境距离甚远，甚至不无对立。文物，“是指人

---

* 本文系国家社科重大项目“中国特色公益诉讼现代化的理论创新与实现机制研究”（编号：23&ZD164）的阶段性成果。

** 巩固，北京大学法学院研究员，博士生导师；王永，山东省泰安市泰山区人民检察院第四检察部副主任，一级检察官。

① 参见陈冬：《文物保护公益诉讼与环境公益诉讼之辨析》，载《政法论丛》2021年第2期；李响：《中国历史文化名城保护公益诉讼研究——以北京市为例》，载《中国名城》2021年第5期；腾宏庆、蔡尚原：《文化遗产保护行政公益诉讼双轨模式研究》，载《法治论坛》2023年第1期。

② 《文物保护法》第99条：因违反本法规定造成文物严重损害或者存在严重损害风险，致使社会公共利益受到侵害的，人民检察院可以依照有关诉讼法的规定提起公益诉讼。

类创造的或者与人类活动有关的，具有历史、艺术、科学价值的下列物质遗存”。① 作为人类创造的产物，文物凝结着人类的智慧和劳动，反映人类的智力成果与活动痕迹，具有突出的“人为性”或者说“人文性”，与摒除人为因素、强调原始属性的自然有重大区别。而环境保护法中的环境，作为“影响人类生存和发展的各种天然的和经过人工改造的自然因素的总体”，② 落脚点恰在于“自然”。保护自然物质、维持自然状态、尊重自然规律、弘扬自然价值也是环境法的主要内容和价值指向。故通常来说，各类依法受国家保护的文物，无论古文化遗址、古墓葬、古建筑、石窟寺和石刻、壁画、史迹、实物、代表性建筑、艺术品、工艺美术品、手稿和图书资料等，作为人工制成品，在法律上一般被归于“物品”而非“环境”。另外，环境概念通常指由多个要素共同构成的整体空间，需要一定数量的要素、规模和尺度，以尽少触动和改变为原则，多数文物（尤其是单体的可移动文物）通常也不具备这些特点，缺乏被作为环境对待、获得像环境那样的保护的理由。

不过，文物的范围极其宽广，类型丰富多样，其中不乏一些并非完全经由人类“创造”而只是经过适度加工从而保留了相当程度自然属性的“经过人工改造的自然因素”，如岩洞、壁画、大型石刻等。还有一些虽然为人类劳动所创造，但规模大、范围广，且久经岁月洗礼，与周边自然物不断相互作用，已与当地生态系统融为一体，成为具有特色的特殊“环境”，如长城、大型墓葬、古建筑群等。从保护需求上看，这些“深嵌”于自然之中的大型不可移动文物通常也需要像自然环境那样以维持原貌为主的消极保护，在尽量不改变“原始”状态的前提下才能在合理范围内进行一定程度的公共利用，从而可大量借

① 《文物保护法》第 2 条。
② 《环境保护法》第 2 条。

鉴、运用环境保护相关制度举措，获得“像环境那样”的对待。故而，从20世纪后半叶开始，这些以人文价值为指向的特殊“环境”也进入环境法治视野，成为现代环境保护法的保护对象。

在此方面，我国《环境保护法》第2条在列举的具体环境类型中明确规定“人文遗迹”即是典型体现。“人文遗迹一般是以固定形态存在的遗址、代表性建筑等”，[①] 是文物中具有大尺度、整体性、与自然相融合的那部分。值得注意的是，该规定在1979年制定的《环境保护法（试行）》中尚付之阙如，直到1989年该法作重大修改时才添加进来，明显是受到当时国际上方兴未艾的文化遗产保护热的影响。[②] 此处刻意使用“人文遗迹”而非范围更广、使用更为普遍的“文物”或“文化遗产”概念，用意正在于与后者相区别和限缩，明确不是所有具有人文价值之物都属于环境法上的环境，而是仅限于其中兼具环境属性的人文遗迹。但遗憾的是，无论是《环境保护法》还是其他法律，都未对到底何为“人文遗迹”作出明确界定，相关制度实践和理论研究也主要使用文物或文化遗产概念，甚少使用人文遗迹，从而导致概念理解的模糊和法律适用的混乱。实践中，不乏将人文遗迹与形式最丰富、外延最宽广的文化遗产概念相混同的认识，导致出现一些把并不具备环境属性的一般文物（如石碑、雕塑、单体建筑等）当作环境对待的案例。这种把各类文物都视为环境的做法所隐含的人工制品与自然物无所区别的逻辑悖谬不言而喻，也是文物保护“借道”环境公益诉讼遭受诟病的重要原因。不是所有文物都属于环境范畴，只有具备环境属性的人文遗迹才可以作为具体环境类型的一种受到环境保护法的直接保护，这是文物保护领域

---

① 岳小花：《中国自然与人文遗迹保护立法的现状、反思与完善路径》，载《河北法学》2020年第1期。

② 我国于1985年正式加入《保护世界文化和自然遗产公约》，1989年《环境保护法》修改增加的自然遗迹与人文遗迹显然与该公约中的自然遗产和文化遗产存在呼应关系。

正确适用环境公益诉讼的基本前提。而以是否属于人文遗迹划分文物基本类型，对“人文遗迹类”文物和“非人文遗迹类”文物区别对待，分别做相应处理，则是正确实践的首要步骤。严格说来，只有对后者的保护才有“借道”环境公益诉讼的可能，前者本就属于环境公益诉讼的应有之义，可以名正言顺地适用，不存在“借道”一说。

不过，“非人文遗迹”类文物虽然不属于环境保护法上的环境，但并不意味着其绝对不受环境公益诉讼保护。环境公益诉讼是对环境侵害行为所致社会公益损害的救济，并不限于对环境公益的救济。任何文物，无论是否属于人文遗迹，都具有公益属性，所受损害都属于公益损害。如果肇因于环境行为，当然可以也应当获得环境公益诉讼的救济。实践中此类案件大量存在，是文物保护“借道”环境诉讼的主要情形，其与针对“人文遗迹类”文物提起的环境公益诉讼的主要区别在于不能仅基于自身受害提起，而须以存在环境侵害为前提，主要通过救济生态环境损害、改善文物所处的周边环境来获得间接保护，在被诉行为、监管职责、责任方式、风险判断等方面都与后者存在重大差异，需要细致甄别，分类处理。

二、侵害行为：破坏文物与破坏生态

民事公益诉讼针对公益侵害行为提起。“破坏文物的行为包括但不限于：污损、破坏、拆除、盗窃、盗掘、摈弃、走私、不当考古发掘、存放、运输、展览、不当开发利用、不当修缮、修复、改建、添建、翻新重建、环境维护等不当修缮修复维护行为以及其他致使文物资源历史、文化、科学、人文价值等价值毁损及灭失的行为”，[①] 范围广泛，类型多样。而就《环境保护法》第 58 条等规定来看，环境民事公益诉

---

① 陈冬：《文物保护公益诉讼与环境公益诉讼之辨析》，载《政法论丛》2023 年第 2 期。

讼的被诉行为只能是“污染环境、破坏生态”。故并非所有破坏文物的行为都可以引起环境公益诉讼，环境公益诉讼所针对和解决的，仅限于其中与“污染环境、破坏生态”交叉重叠的部分。

“污染环境”是环境法中的常用概念，制度实践充分，相关规定众多，认识较为清楚，一般并无争议。但“破坏生态”作为一个晚近才被写入立法的新兴概念，缺乏法律界定，认识并不统一。实践中，一些对文物的涂改、刻画、拆除等不涉及污染排放的物理性侵害被视为“破坏生态”提起环境公益诉讼，引发广泛争议，需要辨析厘清。

有学者认为，“生态”与“环境”是不同指向的概念，环境以人为中心，侧重对人类生活的影响，生态以生物为中心，偏重生物与生物以及它们与其生存环境之间的关系；故“破坏生态”仅限于对生物生存有负面影响的活动，“即破坏生态系统的结构和功能的行为”；由此，诸如“破坏古民居”之类从人类利益和美学角度进行评价的负面环境行为的正确定性是“破坏环境”，将其视为“破坏生态”是违背科学原理的扩大解释；《环境保护法》第58条在环境公益诉讼的诉因方面只规定了“污染环境”和“破坏生态”两种行为，存在立法漏洞，需要通过立法完善，增加“破坏环境”和“污染生态”才能圆满解决。[①]

应该说，这种认识符合环境科学、生态学以及环境法学早期对“环境”“生态”概念的理解和使用，但已落后于环保实践与环境法治的最新发展，也悖于环境公益诉讼的立法初衷和应然方向。随着环境相关学科的发展和环保实践的推进，人类对人与自然关系的认识日益深化，现代环境法中的“环境”和“生态”已从泾渭分明、各管一摊的狭义概念扩展为彼此融合、可相互替代的广义概念，尤其是在用于宽泛指代一般事物的宏观层面，在我国特殊立法背景下更有向作为联

① 参见杨朝霞：《环境公益诉讼制度的诉因检视：从解释论到立法论——以“生态”与“环境”的辨析为中心》，载《中国政法大学学报》2021年第5期。

合词组的“生态环境”演化的趋势。① 质言之，除结合上下文可知须对其内涵、外延作明确限定者外，一般环境法语境中的“生态”“环境”和“生态环境”都是对非人自然界的宽泛指称，其表述差异往往是基于特定学科、部门、行业的用语习惯，并不意味着在内涵、外延等方面必然不同。只有这样，才可以理解，《环境保护法》第2条所界定的“环境”乃是囊括传统意义上的狭义“环境”（人类生活环境）、狭义“资源”（有经济价值的自然物）和狭义“生态”（非人自然物及其生存条件）的宽泛概念，而非仅与个人生活息息相关的特定部分。也正因此，《环境保护法》才被视为我国环保领域的基本法、基础法、综合法，具有对各环保具体领域法律制度的规范性和统摄力，而非仅仅关乎人体健康、仅针对污染防治的“生活环境”保护之法。

在此背景下，《环境保护法》第58条中的“污染环境、破坏生态”的正确理解应当是“对生态环境的污染和破坏”，两类行为的区别之处仅在于表现方式——“污染”还是“破坏”，而非受害对象——“环境”还是“生态”，因为二者本就是一回事。之所以在“污染”后加“环境”、在“破坏”之后加“生态”，只是表述习惯而已。② 如此理解，方符合《环境保护法》对这些概念的一般用法，③ 而环境公益诉讼在诉因方面也就不存在法律漏洞——一切对生态环境有负面影响的行为，无论是以排放化学物质或能量的形式呈现的“污染”，还是以其他形式呈现的“破坏”，都在可诉之列。在此背景下，对以拆除、移动、填埋、改造、涂改等非污染方式破坏人文遗迹的，作为“破坏生

① 参见巩固：《环境法典基石概念探究：从资源、环境、生态概念的变迁切入》，载《中外法学》2022年第6期。

② 在汉语中，“污染”和“环境污染”近乎同义，因为污染物的排放对象和最终载体即被默认为“环境”；而对“生态”产生负面影响的各种活动往往都被视为一种“破坏”。

③ 参见巩固：《“生态环境”宪法概念解析》，载《吉首大学学报》2019年第5期。

态”提起环境公益诉讼并无不当。

当然，必须再次强调的是，破坏文物直接构成“破坏生态”的仅限于已被纳入环境范畴作为具体类型之一的人文遗迹。对非人文遗迹类文物的直接破坏，如打碎花瓶、毁坏雕塑、涂改字画等，既不是对环境的侵害，也不是以环境为媒介的侵害，只是一般财产侵权，不能成为环境公益诉讼的诉因。此类文物只有在受到以环境为媒介的侵害时，如排放污水、废气导致雕塑锈蚀，采石、挖矿震动导致花瓶毁损等，才有针对相关环境侵害行为提起环境公益诉讼的可能。但其诉因，是被诉行为对生态环境的不当影响和不合理改变，以该行为构成法律意义上的污染环境或破坏生态为前提，需要结合具体环境法律尤其是相关管制性规定独立判断，对文物的影响只能作为行为的后果之一充当行为评价的参考因素，而不能取代行为评价本身。

三、监管职责：文物管护与环境监管

行政公益诉讼围绕公益保护职责的履行展开。根据《行政诉讼法》第25条第4款的规定，环境行政公益诉讼针对在“生态环境和资源保护”领域“负有监督管理职责的行政机关违法行使职权或者不作为，致使国家利益或者社会公共利益受到侵害的”情形，被告是负有环境监管职责的行政机关，诉因是怠于履行环境监管职责。通常认为，这里的被告似乎只能是生态环境或自然资源主管部门，不涉及文物行政部门及其文物管护职责，后者目前只能作为“等”外诉讼依相关改革文件探索，[①] 有待后续立法创设专门的文物行政公益诉讼来解决。对“非人文遗迹”类文物来说，此诚不谬，但人文遗迹另当别论。

---

① 参见竺效、梁晓敏：《文物保护行政公益诉讼的类型化——以江西省龙南县检察院办理的客家围屋保护公益诉讼案为例》，载《人民检察》2020年第18期。

诚如上文所言，环境、生态、生态环境都是变动不居的开放性概念，其内涵日益丰富、外延不断扩展。在最新《宪法》修改把内涵、外延比传统意义上以污染防治为主要内容的“环境保护”更加宽广的“生态文明”纳入宪法序言，把“领导和管理生态文明建设”确立为国务院行使的法定职权的背景下，[①] 对环境监管的理解也应作相应扩展，包含对各类值得法律保护的环境（及其要素）的保护和管理。在法律明确把人文遗迹归于环境范畴的情况下，对人文遗迹类文物的保护负有监督管理职责的部门当然也属于这种特殊环境的监管者，相关职权行使也位于环境公益诉讼的审查范围。实际上，无论是从法律规定还是制度实践来看，负有环境监督管理职责的从来不限于“环境保护主管部门”，而是包括承担环境治理相关职能的“县级以上人民政府有关部门”；[②] 负有文物保护管理职责的也不限于“文物行政部门”，而包括“地方各级人民政府”、“县级以上地方人民政府文物行政部门”以及“有关部门”。[③] 二者均范围广泛、类型多样，存在交集。

就已有案例来看，实践中文物受害情形多样，往往是多种因素叠加作用的结果，其中既有文物管护失职又有环境监管失职，需要同时督促多个部门共同行动，一揽子解决。如在“福建省晋江市人民检察院督促保护安平桥文物和文化遗产行政公益诉讼案”中，案涉文物既因本身缺乏保护受到自然侵蚀，又因周边排污遭受环境侵害，故文旅、水利、生态等部门及基层政府都受到检察督促，各自积极履行相关职责，才最终圆满解决问题。[④] 在“安徽省濉溪县人民检察院督促保护大运河淮北段遗址行政公益诉讼案”中，检察机关向文化旅游体育局、

---

① 参见《宪法》序言第 7 段、第 89 条第 6 项。

② 参见《环境保护法》第 10 条。

③ 参见《文物保护法》第 9 条。

④ 参见《最高人民检察院发布 10 起检察机关文物和文化遗产保护公益诉讼典型案例》（2020 年 12 月 2 日）。

住房和城乡建设局、镇政府等九家单位发出检察建议并上门送达，督促其依法履职，切实保护大运河遗址。[①] 这也说明，即便未来立法确立专门的文物保护公益诉讼，也仍有适用环境公益诉讼的可能和必要，因为系统、充分的文物保护，不仅需要主要针对文物本体的“文物管护”职责的履行，对文物周边生态环境的保护也必不可少。对于性质不同但均对同一文物保护具有实际影响的不同类型监管职责，是分别起诉还是一并处理？具有共同目标指向、需要协同作用的不同类型诉讼之间如何良好衔接，是未来文物保护公益诉讼面临的重要挑战，需要制度化解决。

四、损害填补：文物损害赔偿与环境损害赔偿

环境民事公益诉讼以填补环境损害、恢复受损生态环境为指归。在涉及文物保护的环境民事公益诉讼中，对环境损害的救济与对文物本身损害的救济交织混杂、不易区分，仍需要以是否是人文遗迹为基础的类型化区分。

对人文遗迹类文物来说，由于其本身属于生态环境，所受损害构成环境损害，可依《民法典》第1234、1235条等规定要求被告修复生态环境或承担修复费用，赔偿生态服务功能损失及相应调查、鉴定评估费用以及为防止损害的发生和扩大所支出的合理费用。此在实践中已有零星探索，得到初步运用，既有成功经验，也不乏争议和可修正之处。

譬如，在某省某县人民检察院诉陈某平生态破坏民事公益诉讼案中，被告在省级文物保护单位石壁处进行刻划，导致石壁受到损害并使该文物保护单位整体环境的景观、艺术、科学等方面价值受到贬损，

---

① 参见《最高人民检察院发布十三起检察机关大运河保护公益诉讼检察专项办案典型案例》（2021年6月3日）。

应承担生态环境损害赔偿责任。其中，对文物本体也即被刻划石壁的修复和相应勘察设计费属于生态环境修复费用，对景观、艺术、科学等精神价值的贬损属于生态服务功能损失，是该人文遗迹作为具有历史和美学价值的特殊环境所提供公共服务的减损，应根据石壁修复、恢复的时间和后果计算期间损失或永久损失。但该案判决虽要求被告承担文物修复费和勘察设计费，却没有提及生态服务功能损失，而是代以生态环境损害惩罚性赔偿金，其值得商榷之处在于：一来，生态环境惩罚性赔偿主要针对环境私益侵权救济，能否用于公益诉讼，向来不无争议。二来，惩罚性赔偿并非可普遍适用的常规责任，须严格控制、谨慎实施，仅限于明确违法、故意实施且造成严重后果的行为。这里的严重后果通常指“造成他人死亡、健康严重损害，重大财产损失，生态环境严重损害或者重大不良社会影响”，[①] 仅仅精神性价值的贬损可否构成“严重后果”，也不无疑问。三来，人文遗迹的主要价值在于提供精神文化服务，在受到损害的情况下对此项主要损失不予计算和赔偿有悖于对环境公益的充分救济。另外，依相关司法解释，环境公益诉讼中惩罚性赔偿金的数额须以生态服务功能损失额为基数进行计算。[②] 该案在并未主张和计算生态服务功能损失的情况下直接作出惩罚性赔偿，该做法值得商榷。

反之，在“山东省泰安市泰山区人民检察院诉张某某、李某某故意损害文物刑事附带民事公益诉讼案”中，[③] 公益起诉人认为被告对泰山景区范围内总计35处被列为全国或省级重点保护文物的牌坊、石刻、古建筑进行涂写，对泰山古建筑群的历史、艺术、科学价值造成

---

① 最高人民法院《关于审理生态环境侵权纠纷案件适用惩罚性赔偿的解释》第8条。

② 参见最高人民法院《关于审理生态环境侵权纠纷案件适用惩罚性赔偿的解释》第12条。

③ （2023）鲁0902刑初124号。

破坏，经委托专家评估计算出7万余元的生态环境服务功能损失，向被告追缴，获得法院支持，具有积极意义。在此应当明确的是，法律意义上作为责任基础和赔偿依据的生态服务并不限于生态环境在生物学意义上对相关生命活动的支持和供养，可以且应当包括对人类相关文化、精神活动的支持，尤其是对主要提供文化服务、主要发挥精神性作用的人文遗迹来说。

当然，与一般生态服务功能损失相比，精神性服务功能损失的赔偿存在两大难点。一是缺乏价值评估的权威依据和成熟方法，损失额不易判断和计算。当前充当生态环境损害鉴定评估主要依据的《生态环境损害鉴定评估技术指南》系列文件作为生态环境部主导制定的技术规范，主要还是从物理、化学及生物角度进行的设计，强调“生态系统在维持生命的物质循环和能量转换过程中，为人类与生物提供的各种惠益”，[①] 对于审美、人文等精神价值损失较难适用。但这并不意味着此类损失绝对无法计算。在前述泰山石刻案中，鉴定机构根据涉案文物和案情特点，参考《中国文物古迹保护准则》建立层次评价模型，从艺术、科学、生态三方面计算受损古迹的生态服务价值，得出了较为适当的结果。在“江西省上饶市人民检察院诉张某某等三人故意损毁三清山巨蟒峰民事公益诉讼案”[②] 中，评估专家采用国际通用的“条件价值法”对被告破坏三清山巨蟒峰导致的生态服务价值损失进行评估，获得法院认可。这些成功探索均值得借鉴。

二是缺乏适切的赔偿方式。纯粹金钱赔偿只意味着对责任人的“惩罚”，难以体现和实现对受损价值的“填补”。对此，在诉讼请求和判决中应尽量明确赔偿金的具体用途，指定专用于有助于恢复、保障和提

---

① 《生态环境损害鉴定评估技术指南》总纲和关键环节，第1部分：总纲。

② 检例第114号：江西省上饶市人民检察院诉张某某等三人故意损毁三清山巨蟒峰民事公益诉讼案。

升受损遗迹的精神文化价值的活动，或者进行与提升环境的精神文化价值有关的替代性赔偿。在泰山石刻案中，法院允许被告采用“参加清洁、绿化环境、保护环境的法律宣传等公益劳动抵顶其应当承担的生态环境服务功能损失费”，[①] 值得肯定。如果能更进一步，明确公益劳动在内容上侧重于文物古迹保护而非一般环保宣传，则效果更佳。

对非人文遗迹类文物来说，通常情况下，其所受破坏属于一般财产损害，不属于生态环境损害，只能适用传统民事责任（如恢复原状、修理、更换、赔偿损失等），不能适用生态环境损害赔偿，故无法通过生态服务功能损失赔偿实现对文物毁损所致精神文化价值损失的救济，对此一般并无异议，也凸显专门的文物保护公益诉讼的必要性。但当这些文物所受损害是因已被提起环境民事公益诉讼的污染环境或破坏生态行为所致（如废气排放导致文物雕塑锈蚀）时，可否在该诉讼中要求被告对该项损害担责，修复文物或作相应赔偿？本文认为，尽管对文物本身的救济不属于生态环境责任范畴，但文物救济的公益性毋庸置疑。如果在公益诉讼进行时该文物的所有者或管护者尚未就文物修复采取有效行动，案涉文物作为被诉环境侵害行为的致害后果处于持续受害之中，则公益诉讼原告可以提出相应诉讼请求，法院也可在裁判中主动追加，以实现环境公益诉讼之公益保障功能的最大化。这也是文物作为承载公共利益的特殊“公产”在保护制度上区别于和优越于一般财产的必要之举和应有之义。

五、风险预防：文物风险与环境风险

文物虽然是人类创造的产品，但具有历史、艺术、科学等方面的独特价值，难以替代、不可复制，一旦受到严重毁损，往往难以补救，

---

① （2023）鲁0902刑初124号。

故其法律救济范围需从损害填补扩展到风险预防。我国《环境保护法》确立了“保护优先、预防为主”的基本原则，最高法相关司法解释把“具有损害社会公共利益重大风险的污染环境、破坏生态的行为”[1] 纳入环境民事公益诉讼的可诉范围，创设“环保禁止令”，并在“绿孔雀”“五小叶槭”等案件中得到实践，相关规则和制度也可用于特定文物的保护。

对于人文遗迹类文物来说，其本身面临的受害可能性即为环境风险，当这种风险较为迫切，可合理推测将产生严重后果时，适格原告即可提起环境民事公益诉讼，要求被告停止侵害、排除妨碍、消除危险，或者自行采取合理的预防、处置措施后向原告追讨费用。如果预计损害后果重大、不可逆，原告还可向法院申请禁止令，责令立即停止相应侵害活动。在“甘肃省敦煌市人民检察院督促保护敦煌莫高窟行政公益诉讼案”中，敦煌莫高窟受到周边企业采石、采砂等改变地质结构的生产活动的威胁，是典型的环境风险案件。该案虽通过行政公益诉讼在诉前阶段得到解决，但由于当前行政公益诉讼在风险预防方面法律依据不足，缺乏具体规则，一旦进入诉讼阶段，结果能否圆满仍难预料。如以环境民事公益诉讼处理，依据更为充分，且可通过环保禁止令快速消除风险。在此类案件中，人文遗迹的存在为环境风险的判断提供了明确指针，并起到降低风险认定门槛的作用。同一环境行为，如前述敦煌案例中的采石、采砂，其对环境的潜在影响在一般情况下可能很难被认为达到足以触发预防原则的高风险程度，但因敦煌莫高窟这一特殊环境的存在，风险认可和证明都相对容易得多——以莫高窟所受影响的潜在后果为主要判断依据即可。

对于非人文遗迹类文物来说，只有不可移动文物可以通过环境公

---

① 最高人民法院《关于审理环境民事公益诉讼案件适用法律若干问题的解释》第1条。

益诉讼实现风险预防。此类文物虽不是环境要素，但长期固定于某处，受周边环境影响很大，更容易受到以生态环境为媒介的污染、破坏的侵害。与人文遗迹类文物不同的是，其所受风险在环境风险判断中只能作为参考因素而非主要指标，并且不足以单独支持申请环保禁止令，因为禁止令的适用条件是不及时制止相关行为将使“生态环境”而非其他物品“受到难以弥补的损害”。[①] 但鉴于不可移动文物的公益性和重要价值，其毁损可能性及价值大小应当成为判断相关环境行为的风险程度和受法律约束程度的重要因素。毕竟，环境保护从来不是仅针对环境自身的保护，与环境密切关联的“人类生存和发展”才是其根本目的。而文物对人类生存和发展的重要价值和意义，不言而喻。

---

① 最高人民法院《关于生态环境侵权案件适用禁止令保全措施的若干规定》第 1 条。

五方面发力，推动高水平无障碍环境建设*

隋康尼　邹国庆**

为总结各地无障碍环境建设检察公益诉讼实践，进一步完善无障碍环境建设检察公益诉讼制度，最高人民检察院公益诉讼检察厅与清华大学无障碍发展研究院成立联合调研组，赴江苏省苏州市、扬州市进行实地调研。本文拟从调研成果出发，分析并直面现实问题，提出应对之策。

一、无障碍环境建设与检察公益诉讼实践总结

苏州、扬州两地检察机关在以检察公益诉讼推进无障碍环境建设方面开展了很多工作，他们坚持问题导向，通过问卷调查、与残联沟通，及时发现并解决残疾人在日常生活中的困难；同时结合区域特色，针对旅游资源丰富的地区，以无障碍景区建设和盲道建设为重点，对无障碍环境建设存在的问题进行调查摸排，推进整改。他们还与住建、城管等部门，以及社会组织、企业、志愿者组织等建立沟通协作机制，共享信息，并通过公开听证等方式提升影响力。

苏州市检察机关特别注重与科技企业合作，积极引入新技术和智能设备，促进无障碍环境建设提高质量。通过与科技企业的紧密合作，检察机关获得了大量有关无障碍环境建设问题的案件线索，包括无障碍设施不规范使用、信息无障碍服务缺失等。新技术的运用不仅开拓

---

* 原文刊载于《检察日报》2024 年 5 月 23 日，第 7 版。

** 隋康尼，清华大学无障碍发展研究院院长助理；邹国庆，山东省菏泽市人民检察院第六检察部四级检察官助理。

了线索来源，也为检察机关提供了宝贵的办案依据，有助于他们更精准地定位问题，高质效履职办案。

为推进无障碍环境建设水平提升，检察机关在跨部门协同方面扮演着极为重要的角色。尽管当前检察机关办理的涉无障碍环境建设公益诉讼案件以物理环境无障碍为主，涉及信息和公共服务方面无障碍环境建设的案件还不多，但这也为未来工作指明了方向。

二、无障碍环境建设的困难与挑战

近年来，无障碍环境建设在取得显著进步的同时，也面临着一系列问题和挑战。

一是信息无障碍建设和公共服务体系不完善。信息无障碍建设和公共服务发展滞后，无法充分满足特殊群体的需求，给特殊群体获取信息和服务带来困难。例如，近年来，人民群众对参观博物馆等公共文化服务场所的热情日益高涨，但由于缺乏专门针对此类场景的无障碍环境建设标准规范，在一定程度上影响了无障碍设施的完善和服务质量的提升。

二是执行主体多元化与经费不足。住建、民政、工信、交通等部门参与无障碍环境建设，各部门既要各司其职，又需紧密配合。实际运作中，可能产生监管职能交叉、权责难以厘清的问题，各单位之间沟通不足、协同不力的情况时有发生。同时，经费不足也影响到无障碍设施的建设维护质量。如何在协同不足、经费有限的条件下，优化资源配置，提升管理效能，确保无障碍环境建设持续推进，成为当前亟待解决的问题。

三是无障碍设施缺损、不规范。当前，各类建筑中的无障碍设施普遍存在缺失、损坏、不规范、不连贯等问题，例如盲道紧贴绿化树池、残疾人专用厕位设置不标准等。特别是不同物理场景之间缺乏无障碍连通，不仅有损特殊群体出行和日常生活的便利性，也凸显出无障碍环境建设对统一技术标准的迫切需要。

四是博物馆分级管理制度与电动轮椅出入限制问题。各地各类博物馆存在分级管理制度，并非所有博物馆均实行属地管理，这一方面增加了无障碍环境建设工作中沟通与协调的复杂性，另一方面也加大了检察公益诉讼工作的推进难度。此外，锂电池火灾风险以及电动轮椅速度过快可能引发的安全问题，使不少博物馆限制参观者使用电动轮椅。博物馆根据上级主管单位的安全提示执行该规定，目前尚无明确的法律法规和政策来规范电动轮椅使用限制。

三、建议与对策

一是厘清监管职责，强化协同监管。检察机关应通过走访调查、诉前磋商、公开听证等方式明晰相关职能部门权责，确保精准监督；推动相关部门之间加强协作配合，形成共建共治的良好局面。

二是完善跨部门协作机制，凝聚保护合力。基于无障碍环境建设的复杂性和广泛性，相关职能部门应加强沟通合作，形成更加紧密的协同机制，包括建立定期沟通制度，明确各部门职责和协作方式，加强信息共享和资源整合。检察机关可以通过牵头召开联席会议、举行专家咨询会、建立协作机制等方式，推进相关部门深度合作，充分发挥检察公益诉讼督促协同、补位兜底的制度作用。

三是拓宽监管领域，延伸治理触角。在不断完善无障碍环境建设硬件设施的基础上，检察机关应推动无障碍建设向无障碍信息交流和无障碍社会服务两方面拓展，注重从整体上推动无障碍环境建设。

四是以科技创新引领无障碍环境建设。检察机关应积极树立创新发展理念，助力相关部门引入创新技术和工具，加强志愿者和服务人员培训，不断提升无障碍环境建设的效率与质量。新技术和工具也有助于提升检察公益诉讼办案质效。

五是加大宣传力度，营造良好社会氛围，增进公众对检察公益诉讼制度的认识。无障碍环境建设不仅是政府部门的责任，还需要全社会共同参与。积极开展无障碍环境建设法治宣传，有利于增强群众法律意识和文明自觉，营造全社会扶残助残的良好氛围。为此，检察机关应加大宣传推广力度，努力提升公众对检察公益诉讼的认知度和参与度；同时，通过办理具有代表性示范性的案件，带动更多行政机关、社会组织、公民个人积极参与无障碍环境建设，形成广泛的社会支持。

上述建议与对策，旨在推动无障碍环境建设向更高水平发展，为特殊群体创造更包容、更便捷、更舒适的生活环境。调研中笔者了解到，苏州、扬州两地检察机关将持续推动医疗服务场所、博物馆的无障碍环境建设和信息服务改造，注重从规划设计源头进行规范，避免资源浪费；同时着力强化社会参与，通过多种形式提升全社会对无障碍环境建设工作的认识，鼓励社会各界积极参与。这让笔者对无障碍环境建设的未来充满信心，也期待更多社会力量加入，共同推动社会进步与发展。

调研报告

DIAOYAN BAOGAO

关于陕西省非法采砂公益诉讼办案情况的调研报告

高 洁 高晓莉*

砂石资源是工程建设中不可或缺的建筑材料，是经济社会发展的重要物质基础，事关国家资源安全、生态文明建设和社会和谐稳定。近年来，我省部分地区非法采砂屡禁不止，渭河沿岸、汉江河道、耕地、建设用地上非法采砂严重侵害国家资源、破坏生态环境。为进一步分析采砂管理现状，梳理行政监管漏洞与不足，第八检察部组织赴全省十个地市开展调研，笔者通过与行政机关进行座谈，分析统计2023年非法采砂相关办案数据，形成调研报告，以期为推动砂石资源可持续利用、促进全省生态环境保护提供有益思考和建议。

一、非法采砂案件基本情况

（一）办案数据情况分析

1. 非法采砂案件中行政公益诉讼占比较大。2023年，全省检察机关非法采砂领域共立案公益诉讼案件81件，占非法采矿类案件的50.3%，其中，行政公益诉讼案件67件，占比82.7%，刑事附带民事公益诉讼案件14件，占比17.3%（见图1）。

* 高洁，陕西省人民检察院副检察长、一级高级检察官；高晓莉，陕西省人民检察院第八检察部四级高级检察官。

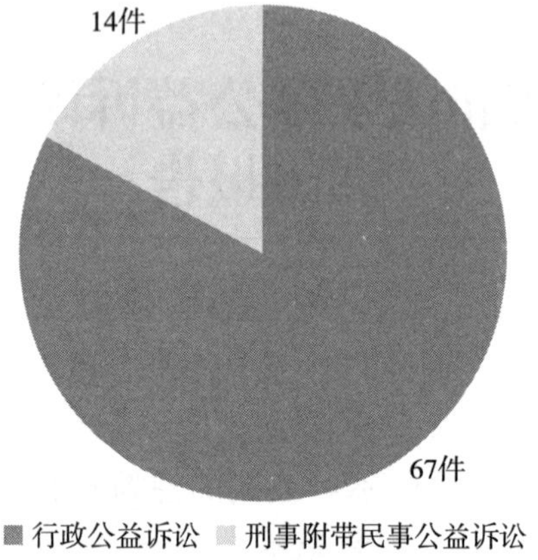

图 1　2023 年全省公益诉讼立案情况

2. 检察建议中涉及水利部门占比较大。2023 年，全省检察机关非法采砂领域发出检察建议 61 件，其中涉及水利部门 32 件、生态环境部门 1 件、自然资源部门 8 件、镇政府及街道办事处 15 件、林业部门 2 件、税务部门 2 件、其他部门 1 件。向纪委监委移送案件线索 1 件。其中，向水利部门制发检察建议占比 57.1%（见图 2）。

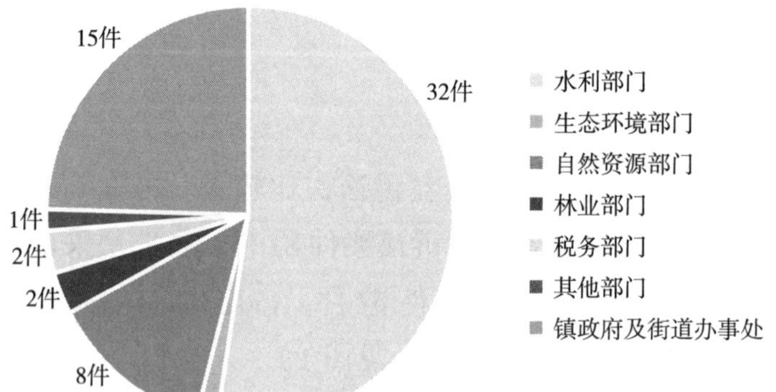

图 2　检察建议涉及行政部门

3. 非法采砂案件地域分布相对集中。2023 年，我省非法采砂公益诉讼案件主要集中在西安、宝鸡、咸阳、渭南、汉中，立案数、检察建议分别占比 69.1%、67.9%（见图 3）。由于河砂品质优价格高，我省黄河流域渭河沿线、汉江河道成为非法采砂高发地带。

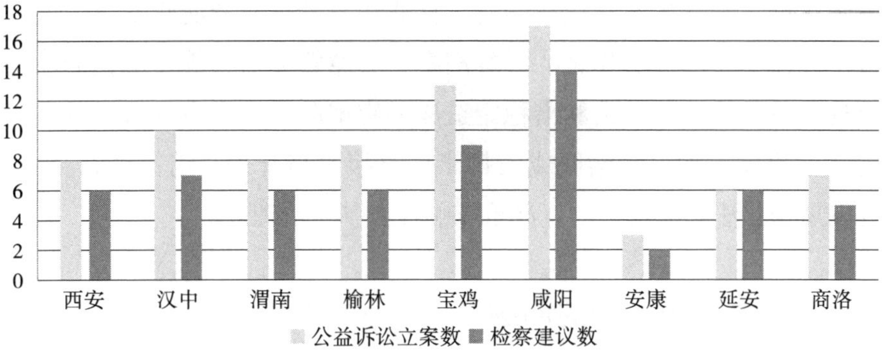

图 3　公益诉讼立案及检察建议地区分布

（二）非法采砂特点分析

一是从地类及砂石来源看，非法采砂主要表现为在河道管理范围内或者在农用地上、建设用地上非法采砂。河道管理范围内非法采砂主要表现为在禁采区、禁采期采砂，无证采砂或者超范围、超深度、超期限、超许可量采砂。2023 年，河道管理范围内非法采砂行政公益诉讼立案 46 件，提出检察建议 32 件；在农用地上、建设用地或未利用地上非法采砂主要表现为以租地等方式将含砂量高的耕地、林地或者古河道流转入手后，非法改变土地用途进行非法采砂。2023 年，在农用地上、建设用地上非法采砂行政公益诉讼立案 21 件，提出检察建议 29 件。

二是从行为特点看，非法采砂行为难以及时发现。部分地区行为人多选择在山区河道、夜间时段，采取少量多次、盗采偷采等“蚂蚁搬家”方式非法采砂，行为具有分散性、流动性、隐蔽性等特点。如咸阳马某等人、宝鸡高某等人非法采砂案件中，违法行为人持续凌晨至次日天亮前在河道管理范围盗采砂石。据统计，宝鸡、渭南、商洛等地“蚂蚁搬家”式盗采砂石违法行为多发频发。

三是从行为后果看，非法采砂具有严重危害性。实践中，西安鄠邑、临潼、宝鸡眉县等地行为人多采用建筑垃圾回填砂坑，易引发地下水污染，破坏生态环境。同时，在非法采砂高额利润驱使下，因利益争夺而引发的故意伤害、寻衅滋事、故意毁坏财物等违法犯罪活动呈现上升趋势，对社会和谐稳定造成一定威胁。个别案件村干部擅自转让村集体土地，持暗股或安排亲信直接参与开采、销售砂石资源，并发展为非法利益保护伞，严重影响社会基层治理。

二、办案中发现的问题

（一）个别行政机关未依法全面履职

我省黄河干流、渭河、汉江河道砂石资源丰富，非法采砂行为屡禁不止。一是个别行政机关履职不充分。如媒体曝光的西安某地区非法采砂致使20亩耕地严重破坏案件，唐某某等6名犯罪嫌疑人从2018年至2022年先后5次在涉案耕地非法采砂。其间，某自然资源部门仅于2021年6月、2023年2月分别对非法占用耕地行为作出行政处罚，对非法采砂行为未予处理。二是部分行政执法存在重打击轻修复问题。自然资源部门、水务部门等行政机关在查处非法采砂破坏耕地违法行为时，存在以罚代管，未督促恢复土地种植条件问题。例如，商洛某公司占用基本农田非法采砂案，刑事判决后，土地仍处于被破坏状态，检察机关应通过制发公益诉讼检察建议，督促自然资源部门依法履职，修复受损耕地。

（二）清淤疏浚砂石管理不规范

延安、西安等地存在以河道清淤疏浚名义盗挖砂石情况。陕南部分清淤疏浚项目砂石资源管理混乱，疏浚砂违法堆放侵占耕地、自然保护区、河道等生态敏感区，未按规定申请环境影响评价、未按规定采取扬尘防治措施、未依法申报耕地占用税。办案中还发现，汉中市个别县区授权水投公司负责清淤疏浚项目组织实施和销售工作，并由政府参与收益分成。实践中，水投公司又将清淤疏浚项目层层转包，疏浚砂石存在采挖主体多元化、销售方式和价格不统一，政府收取收益分成无法律依据、漏缴资源税等问题，由此引发的社会治理问题需引起重视。2023 年，我省检察机关办理涉清淤疏浚砂石管理案件 9 件，占非法采砂案件立案总数的 13.9%。其中，磋商 1 件，发出检察建议 8 件。

（三）涉税信息共享机制不健全

耕地占用税是国家税收的重要组成部分，以纳税主体实际占用的耕地面积作为计税依据。资源税作为国家针对自然资源开发利用征收的一种税种，体现国家对资源实行有偿使用的原则。办案中发现，由于自然资源部门、水利部门与税务部门信息衔接不畅、机制不健全，砂石开采过程中砂石堆放占用耕地、林地等农用地，或者清淤疏浚项目作价销售砂石的，存在漏缴耕地占用税、资源税等问题，造成国有财产流失。2023 年共办理砂石资源管理涉税案件 3 件，向税务部门制发检察建议 2 件、水利部门制发检察建议 1 件，督促行政机关补缴耕地占用税 55 万元，资源税 17130 元。

三、原因分析

（一）非法采砂存在暴利诱惑

近年来，河砂价格猛涨，以西安为例，河道砂石价格超过 100 元每立方米。据统计，西安某地非法采砂、回填建筑垃圾两环节收取费用，每亩地非法获利可达 30 万元以上。目前该类案件刑事判决刑期短、罚金少，存在“轻刑化”，实际盗采行为多以行政违法处理，违法行为人面临的罚款与巨额经济利益相比如同九牛一毛，很多人因此铤而走险盗采砂石。个别地区甚至发生“砂霸”开三轮车冲撞执法人员恶性事件。

（二）非法采砂行政监管难度大

一是河道采砂行为具有隐蔽性，行为人作案地点偏远且多是夜间作案，采砂过后上游河水及泥沙的不断冲刷和沉积，容易把非法采砂的痕迹覆盖掉，行政机关难以及时固定证据。二是农用地或建筑用地采砂，行为人往往采取边挖砂边填埋并平整土地方式，掩盖采砂痕迹，通常执法机关查处时仅能在砂场发现少量砂坑、砂石，大部分砂石以及盗挖坑洞已无法进行勘验、鉴定，损害面积、损害后果以及修复费用很难追溯。

（三）行政机关协作配合力度不够

办案发现，采砂管理涉及监管主体较多，如在河道非法采砂、耕地上挖砂倾倒建筑垃圾等案件中，水务、自然资源、林业、城管等行政机关均有监管职责。目前，相关行政机关之间协同执法力度不够，尚未形成执法合力，尤其在涉及税费缴纳问题上表现明显。例如，耕地占用税从2019年开始征收，部分行政机关对征收标准和方式尚不熟悉，税务部门与自然资源、水利等部门亦没有建立涉税信息衔接及工作配合机制。同时，河道采砂管理的执法主要由水利部门负责，与其他部门如公安、交通等协作配合不够，联合执法效果不佳。

（四）清淤疏浚砂石管理规定法律供给不足

清淤疏浚砂石管理无上位立法，目前仅凭一些规范性文件进行管理。水利部《关于河道采砂管理工作的指导意见》中明确“依法整治疏浚河道、航道和涉水工程产生的砂石一般不得在市场经营销售，确需经营销售的，按经营性采砂管理，由当地县级以上人民政府统一组织经营管理”。然而该规定在实践中难以有效执行。首先，该指导意见对于清淤疏浚砂石“一般不得在市场经营销售”未明确授权销售和禁止销售的情形。其次，关于“确需经营销售的，按经营性采砂管理”的规定不明确，未具体阐述经营性采砂管理的形式和要求。最后，该指导意见中规定“由当地县级以上人民政府统一组织经营管理”，但未明确统一组织经营管理的具体方式。就陕西省而言，目前查询到的资料，仅有宝鸡市水利局制定了《河道清淤疏浚管理实施办法（试行）》，省内无清淤疏浚专门立法。以上规定不完善、不明确，导致市县两级政府对清淤疏浚项目中采挖并出售砂石行为缺乏统一有效的管理。

四、对策与建议

（一）强化行政监管，推动行政机关严格规范执法

全面贯彻习近平生态文明思想、习近平法治思想，贯彻落实习近平总书记历次来陕考察重要讲话重要指示，正确处理生态保护和经济发展的关系。针对非法采砂特别是“蚂蚁搬家”式采砂多发频发情况，督促行政机关加大执法力度，依法全面履行监管职责，强化事前监管。以规划为依据依法许可采砂，规范管理合法采砂。强化事中监管，加强日常巡查和执法打击，运用视频监控、卫星遥感技术、无人机、GPS定位等大数据开展调查，采取有效措施和技术手段对砂石开采、堆存、运输、销售等环节进行动态监管。推动行政机关转变执法理念，推动修复被破坏的生态环境。

（二）加强协作配合，推动形成齐抓共管强大合力

砂石资源管理涉及水利、环保、税务、林业、自然资源等多个监管部门，建议行政机关加强协作配合，进一步健全“河（湖）长挂帅、

水务部门牵头、相关部门协同、社会监督”的采砂管理联动机制，严厉查处和打击与非法采砂、偷填垃圾相关联的砂石加工、运输、销售以及垃圾运输、处置等环节的违法问题，完善行政机关之间的信息共享、线索移送、协作配合等机制建设，形成监管合力。健全多方协作，落实“河湖长＋检察长”“田长＋检察长”“生态环境执法＋检察监督”等机制，围绕盗采滥采砂石资源破坏生态环境等违法行为，联合开展专项行动，开展常态化协作，形成行政执法在前，法律监督紧密衔接的砂石资源保护格局，推动受损生态环境修复。

（三）加强顶层设计，全面推动清淤疏浚管理精准施策

为从根本上解决清淤疏浚管理规定不清、执法依据缺失等问题，建议水利部门加大对河道清淤疏浚方案必要性审查，完善清淤疏浚余量砂石监管，探索将疏浚砂纳入政府公共资源平台销售，推动建立河道疏浚砂、水库疏浚砂等综合利用机制。此外，建议对未经批准进行清淤疏浚作业，擅自变更审批权限、违规清淤疏浚对河势稳定、河道行洪安全造成不利影响的违法行为明确处罚和惩处措施，为行政执法、法律监督提供充足依据。

湖北检察机关关于2024年上半年
行政公益诉讼起诉案件情况的报告

湖北省人民检察院第八检察部

一、基本情况

2024年上半年，全省检察机关共立案办理行政公益诉讼案件3535件，同比上升6.12%；提起诉讼34件，同比上升17.24%。行政公益诉讼检察办案总体呈现“稳规模、提质效”的特点，起诉案件质效整体较好，公共利益保护效果明显。

一是坚持“当诉则诉”，行政公益诉讼起诉数上升。全省共立办公益诉讼案件3736件，同比上升3.86%，提起诉讼110件，同比上升4.76%。其中，立办行政公益诉讼案件3535件，占立办公益诉讼案件总数的94.6%，提起诉讼34件，同比上升17.2个百分点，占起诉案件数的30.91%。前三年上半年，全省行政公益诉讼起诉数分别为20件、36件、29件，起诉案件数量持续上升，全省检察机关对于少数经过诉前程序未能得到有效整改，检察建议无法解决的“硬骨头”问题，敢于攻坚碰硬，坚决提起诉讼，推动类案治理、源头治理。从办案地区看，行政公益诉讼起诉数量较多的地区有：宜昌5件、武汉4件、恩施4件，三地合占38.24%。从办案层级看，基层院立办起诉案件34件，同比上升17.24%，占全部起诉数的100%。自2017年至今，除管理体制相对特殊的神农架林区院外，基本实现了基层院办理起诉案件全覆盖。全省111个基层检察院（不包含3个监狱派出院），近三年每院年均办理行政公益诉讼起诉案件0.8件。

二是四大传统法定领域起诉案件同比上升，新增法定领域和其他新领域平稳发展。四大传统法定领域行政公益诉讼立案2268件，提起行政公益诉讼27件，同比上升28.57%，占行政公益诉讼案件起诉总数的79.41%。其中，生态环境和资源保护领域立案1539件，提起诉讼26件，同比上升62.5%；食品药品安全领域立案637件，同比上升86.8%；国有财产保护领域立案79件，提起诉讼1件；国有土地使用权出让领域立案13件，同比上升20%。新增法定领域立办行政公益诉讼案件952件，提起诉讼4件，占行政公益诉讼案件起诉总数的11.76%。其中，安全生产领域立案566件、提起诉讼3件，英烈保护领域立案124件、提起诉讼1件。其他领域行政公益诉讼办案数量稳步增加，共立办案件315件，提起诉讼3件，占行政公益诉讼案件起诉总数的8.82%。其中，文物和文化遗产保护领域立案131件、提起诉讼1件，国防军事利益保护领域立案17件、提起诉讼1件。

三是行政公益诉讼起诉案件质效高，坚持以“诉”的确认体现司法价值引领。全省行政公益诉讼起诉34件，对到期未整改案件提起诉讼案件率为100%，法院作出生效裁判33件，判决支持33件。2017年至今，湖北检察机关所提起的行政公益诉讼案件获得法院判决支持率为100%。2023年，湖北省院提交的《坚持高质效办案突出抓好行政公益诉讼起诉工作》报告获得最高检张雪樵副检察长批示肯定。全省共有28件案件入选最高检典型案例、专刊案例，其中，行政公益诉讼起诉案例占比达25%。

二、主要做法

（一）以“高质效”为引领，整体联动强化一体履职

坚持高质效办案理念，针对检察公益诉讼起诉案件专业性强、办理难度大的特点，全省坚持用系统的思维、统筹的方法，积极构建以

省院为“龙头”、市院为“枢纽”、基层院为“支点”的一体化办案模式。一是省院坚持带头办案，切实发挥示范引领作用。严格把握撤诉条件，强化对下指导，防止不符合起诉条件案件进入诉讼环节，近年来，全省仅有1件案件撤回起诉。二是突出发挥市州分院辐射带动作用，针对基层院起诉案件，市级院坚持全流程、渗透式指导。如，针对自规部门未在法定期限内申请强制执行，致使非法占用基本农田违法行为持续存在，在黄冈市院指导下，麻城市院依法提起行政公益诉讼督促恢复耕种条件，该案入选了最高检耕地保护典型案例。三是注重发挥基层院主力军作用。坚持强基导向，充分发挥基层院办案主体作用，实行“提起诉讼＋经验总结＋典型案例”一体推进，形成争先创优的良好氛围。如，赤壁市院诉赤壁市文旅局不履行文物保护监管职责公益诉讼案，督促文旅局强化毕家畈塔文物安全保护，该案入选了“两高”行政公益诉讼典型案例。

（二）以“可诉性”为标准，精准规范开展法律监督

一是审慎把握行政公益诉讼立案条件，预判案件可诉性问题，找准监督对象，确保被告适格，严把入口关。如，武汉市东湖区院督促保护矿产、林地和耕地资源行政公益诉讼案，入选了最高检“公益诉讼守护美好生活”典型案例。二是坚持检察建议与诉讼请求相衔接，通过制发高质量检察建议，确保监督对象的精准性和建议内容的预判性，严把建议关。如，公安县院督促保护洪湖湿地生态环境行政公益诉讼案中，检察机关通过诉讼厘清自然保护区管理部门和地方政府的职责权限，为加大行政执法力度提供法治支撑，该案入选了最高检首批湿地保护公益诉讼典型案例。通过常态化开展“回头看”确保必要性。三是坚持跟进监督，紧盯“纸面整改”、虚假整改以及整改后反弹回潮等问题，及时评估研判，严把诉前关。如，天门市院针对非法加油站违法经营危险化学品，发出检察建议后应急管理局仍未全面依

法履职，遂依法提起诉讼，推动全市25家非法加油站得到系统治理，入选了最高检安全生产公益诉讼典型案例。四是注重程序规范，强化庭前沟通，逐案制作庭审预案指引，确保起诉案件质量，严把诉讼关。注重将公益诉讼庭审作为“法治公开课”，全省共有764个行政机关、5200多人次旁听公益诉讼庭审，该经验做法多次被中央电视台、《检察日报》等新闻媒体报道。

（三）以“强机制”为保障，创新履职提升治理效能

一是完善检察公益诉讼考核和质量评查机制。调整、优化检察建议整改率和对到期未整改案件提起诉讼率的运用方式，充分调动和激发办理行政公益诉讼起诉案件的积极性。通过开展案件质量评查，重点关注已过回复整改期未整改到位且未提起诉讼的行政公益诉讼案件、裁判文书已经生效的起诉案件、检察机关撤回起诉案件、法院裁定不予受理或驳回起诉或调解结案的起诉案件，全省通报评查结果，充分发挥考核导向作用。二是完善检察公益诉讼办案机制。针对重点领域开展专项工作，探索完善“属地检察＋交叉检察＋巡回检察”模式，通过办理一批案件、解决一批问题、建立一批机制，助力跨区划突出问题整治。规范办案流程，统筹开展健全检察公益诉讼办案指引工作，严格贯彻落实公益诉讼办案规则要求。强化数字赋能，通过大数据运用与法律监督模型重塑监督模式、提升工作质效。三是完善检察公益诉讼协同机制。主动争取支持，省院先后15次向党委、人大专题报告公益诉讼工作情况，获得省委和省人大、省政府主要领导多次批示肯定，将行政机关支持检察公益诉讼情况纳入法治政府绩效考核；强化府检联动，与多家单位会签《关于水行政执法与检察公益诉讼协作机制的实施细则》等文件，健全信息共享、情况通报、结果反馈等协作机制，为准确研判起诉条件、确定诉讼请求以及推动判决执行提供支撑；深化司法协作，加强与法院沟通，针对案件办理中发现的普遍

性问题，与法院会签会议纪要达成共识；发挥社会力量，通过聘请专家学者组建专家委员会，聘请生态环境、应急管理等行政机关专业人员成为特邀检察官助理，为办案提供专业支持。四是完善检察公益诉讼调查研究机制。针对起诉工作发展趋势、典型问题深入调研，形成《完善检察公益诉讼制度的调研报告》《2023 年湖北检察机关行政公益诉讼起诉工作情况分析报告》等成果。加强起诉案件的典型案例编撰工作，为办理起诉案件提供详细、有针对性参考和借鉴，近三年全省共有 15 件起诉案件入选最高检、最高法指导性案例、典型案例。五是完善检察公益诉讼队伍建设机制。坚持党建引领，巩固深化“以政治说办案、讲工作”活动成果，在流域综合治理、专案办理等重点任务中一体推进政治建设和业务建设深度融合，相关经验做法入选全国检察机关党建与业务深度融合“优秀案例”；推进素能提升，研究出台检察公益诉讼队伍素能提升“十大措施”，通过常态化开展“检学研”一体化研讨交流、“公益诉讼检察大讲堂”等活动，提高调查取证、法律适用、沟通协作以及庭审对抗等综合能力。

三、存在的问题

（一）现行法律规定不够完善

一是调查核实权问题。检察机关在公益诉讼方面的调查取证程序属于立法空白，现有法律仅原则性规定检察机关在公益诉讼中有调查取证权，但保障措施的刚性不足，导致部分案件取证难，特别是起诉案件往往对抗性强、阻力大，更容易遭遇取证难等瓶颈。二是起诉期限问题。关于检察机关提起行政公益诉讼是否适用起诉期限、适用何种起诉期限，现行法律法规并无明确规定，理论和实践中存在不同观点，一线办案中法院也有不同的裁判意见。三是类案起诉模式下检察建议的方式选择问题。对同一行政机关对多个同一性质的违法行为存在不依法履职情形的，基于国家利益、社会公共利益保护的紧迫性和彻底性要求，在关联密切、事实清楚、法律关系明确的情况下，检察机关“类案起诉”后法院可以合并审理。但“类案起诉”模式下检察建议是选择“类案群发”，还是针对多个对象发出同一份检察建议，尚无明确规定。

（二）部分问题存在分歧

一是乡镇政府作为被告的问题。近年来，全省以乡镇政府为监督对象的行政公益诉讼案件占比较高且呈逐年上升趋势，对乡镇政府提起行政公益诉讼案件数量增多。重要原因在于2021年修订《行政处罚法》时明确了行政处罚权下移制度，部分乡镇政府依法承接行政处罚权后，对许多事务负有具体监管职责，加之起诉乡镇政府阻力相对较小。处罚权下放但却未赋予其明确、具体的执行手段和履职措施，乡镇政府往往仅负有一般意义上的概括性监管职责。法院对检察机关以乡镇政府为被告提起的行政公益诉讼生效裁判执行预期不佳。二是预防性公益诉讼问题。省法院、省检察院共同会商明确加强对预防性公益诉讼的探索，但关于预防性行政公益诉讼的受案范围、程序规则、责任方式等具体问题，在实践中仍需进一步明确。三是针对行政公益诉讼检察建议与公益诉讼请求的衔接等问题，省法院、省检察院已通过工作交流会商会会议纪要达成一致意见，需要全省各地抓好落实。

（三）管辖制度运行不够顺畅

2013年开始，全国部分法院陆续开展行政案件集中管辖的试点工作，我省对部分地区的行政诉讼案件，包括行政公益诉讼案件实行分片集中管辖，例如荆门、鄂州、黄冈三地。在此规定下，相当一部分行政公益诉讼案件的立案院和起诉院不是同一个检察院，由此带来的取证困难、程序繁琐、办案周期长等问题较为突出，导致非集中管辖地区检察机关起诉积极性受影响，影响办案效率和效果。

（四）案卡填录不够规范准确

办案中发现，案件作出中止审查决定后，对于中止审查案件填录整改评估情况案卡时，如果承办人填录已履职到位，就会与中止审查程序产生法律上的逻辑矛盾；如果承办人填录未依法全面履职，又会面临案件审查起诉与否的逻辑矛盾。对案情较为复杂、整改周期较长、行政机关正在整改过程中的中止审查案件，相关案卡内容该如何填写，是当下面临的较为棘手的问题，亟须最高检予以指导解决。

四、下一步工作打算

（一）准确把握公益诉讼检察发展方向

一是深刻理解习近平总书记对检察机关提起公益诉讼的制度定位。坚持以纠正违法行政行为为办案目标，针对行政不作为、乱作为加强监督，切实履行好法律监督职责。坚持行政公益诉讼属于“督促之诉”的基础定位，通过提起行政公益诉讼，助力行政机关依法行政，共同维护国家利益和社会公共利益。二是正确认识“诉前实现保护公益目的是最优解”与“敢于提起诉讼”两个要求的实质内涵。充分尊重行政机关维护公益第一顺位的地位和作用，积极运用磋商、检察建议等非诉方式督促、协同行政机关开展前端治理，推动行政机关自行纠错、主动履职。同时坚持以“诉”的形式履行法律监督本职，对经检察建议督促仍未整改到位的问题，坚决提起诉讼，通过提起诉讼强化监督效果、扩大案件影响。三是坚持“高质效办好每一个案件”。坚持以为人民司法、让人民满意为出发点和着力点，大力提升办案素能，以“高质效办好每一个案件”、维护公共利益和公平正义作为基本的价值追求，通过高质效办案让人民群众能感受、可感受、感受到检察公益诉讼的制度价值。

（二）积极推进检察公益诉讼规范体系建设

一是健全完善检察公益诉讼法律体系。推动加快公益诉讼专门立法进程，促进制定检察公益诉讼法。围绕起诉期限、调查核实手段、预防性公益诉讼、举证责任等问题深入调研，适时提出明确立案管辖规则、确立检察管辖与审判管辖衔接方式、完善调查核实方式手段等立法建议，推动解决公益诉讼法律规范供给不足和缺位等问题。二是健全完善公益诉讼检察质量标准体系。完善公益诉讼办案规则，为办理起诉案件提供规范依据。探索高质量案件标准，针对不同办案阶段确定不同标准，诉前阶段注意解决堵点、难点问题，诉讼阶段体现监督刚性，做到应诉尽诉。提高案件质量指标设置和运用的科学性，既支持通过诉前程序解决绝大多数公益受损问题，又鼓励一定规模起诉案件的办理，充分发挥考核的正向激励作用。三是健全完善公益诉讼协同体系。强化行政协作，建立健全信息共享、情况通报、结果反馈等协作机制，为准确研判是否符合起诉条件、如何确定诉讼请求以及判决是否有效执行提供制度支撑。认真落实省法院与省检察院工作交流会商会会议纪要精神，强化与法院沟通，探索与法院联合开展调研座谈、共同出台文件、通报案件办理情况等方式，对起诉案件中的争议问题形成统一意见。充分发挥社会力量，积极邀请“益心为公”志愿者、人民监督员、特邀检察官助理协助出庭或观摩庭审，借助“外脑”破解办案中的瓶颈。

（三）不断完善检察公益诉讼配套机制

一是深化一体化办案机制。积极构建以省院为“龙头”、市院为“枢纽”、基层院为“支点”的一体化办案模式。省院充分发挥引领作用，利用案件请示、文书备案、实地调研等方式，掌握全省行政公益诉讼起诉案件情况，就普遍性问题、系统性问题组织开展层次更高、范围更广、综合性更强的监督。市级院充分发挥前线指挥部作用，通过积极组建起诉案件人才库、统一调配辖区检察官、重大案件指派市院检察官协助出庭等方式，实现辖区内信息互通、资源共享、人员协作以及办案联动。基层院充分发挥起诉案件主力军作用，通过办理起诉案件为检察公益诉讼制度发展完善提供更多样本。二是健全依法履职机制。进一步加强办案规范，严格贯彻落实公益诉讼办案规则要求，重点加强对“回头看”、庭前准备、庭审规范以及判决执行等环节的管理，全面规范起诉案件办理流程，持续推进办案规范化建设。三是落实案例指导机制。针对基层检察院起诉中的常见、典型问题，加强典型案例的编撰、发布工作，为办理起诉案件提供详细、有针对性的参考和借鉴。

（四）努力建强公益诉讼检察队伍

加强公益诉讼检察队伍革命化、正规化、专业化、职业化建设，调优配强办案队伍，为起诉工作提供人才保障。加大岗位练兵力度，持续开展实效化、实战化培训，通过模拟法庭辩论、起诉案件全面剖析、调查核实技能实训、庭审观摩等方式，提高调查取证、法律适用、沟通协作以及庭审对抗等综合业务素能。定期分析业务数据，及时总结公益诉讼检察队伍办理公益诉讼起诉案件中的经验不足，提升队伍源头治理、综合治理能力。针对公益诉起诉案件中发现的行政违法普遍性问题，强化社会治理作用，以高质量、可操作性强的社会检察建议推动解决治理难题，助推国家治理体系和治理能力现代化。

《公益诉讼检察工作指导（2025 年）》征订单

《公益诉讼检察工作指导》是助力实现公益诉讼检察高质量发展的权威指导刊物，由最高人民检察院张雪樵副检察长担任编委会主任，公益诉讼检察厅厅领导担任主编、副主编，最高人民检察院公益诉讼检察厅主办。

《公益诉讼检察工作指导》坚持以指导公益诉讼检察工作及公益案件办理为办刊方向，及时传递党中央、最高检决策部署，既是对地方的指导，也是工作的总结和记录。刊物突出理论性与实务性、指导性与交流性相统一，贯彻公益诉讼检察工作政策，突出公益诉讼检察业务特色，传递公益诉讼检察发展方向，探讨公益诉讼理论前沿成果，交流公益诉讼检察实务。

为持续做好公益诉讼检察工作，推动公益诉讼检察高质量发展，助力中国检察工作现代化，有效提升公益诉讼检察队伍理论研究能力和专业化建设水平，满足下级院对上级院业务指导需求，2025 年《公益诉讼检察工作指导》现已全面启动。2025 年全年共出版 4 辑，每辑定价 60 元，全年定价 240 元（免邮资），具体订购方式及回执单附后。

《公益诉讼检察工作指导》编辑部

2024 年 10 月

2025年《公益诉讼检察工作指导》订阅回执单

订购单位名称		收书人		
地　址		电　话		
单位统一信用代码				
电子发票接收邮箱				
代　码	书　名	定　价	订　数	金　额
	2025年《公益诉讼检察工作指导》	240.00		
	公益诉讼系列图书			
	2024年《公益诉讼检察工作指导》合订本	240.00		
	公益诉讼检察办案实务手册（2024年版）（上下册）	460.00		
	最高人民检察院公益诉讼检察典型案例汇编（2023年度）	139.00		
	最高人民检察院公益诉讼检察典型案例汇编（2022年度）	88.00		
	最高人民检察院公益诉讼检察典型案例汇编（2021年度）	98.00		
	最高人民检察院公益诉讼检察典型案例汇编（2016—2020年度）	96.00		
合　计				
合计金额	大写：　万　仟　佰　拾　元整			
备注：收到汇款后三个工作日内，发票将发送至电子发票接收邮箱内。				

订购方式说明

第一种：网站订购（www.zgjccbs.com）不用发传真，款到后开票

1. 网站下单，直接在线支付（微信、支付宝）
2. 网站下单，单位汇款需备注订单编号后6位数字

网站订购负责人：张惠 010-86423745、18101137669 技术咨询 010-86423763

第二种：微信订购（仅支持微信在线支付）

1. 使用微信扫描右侧二维码可直接在线订购
2. 了解最新书讯请关注“中国检察出版社”微信公众号

第三种：传真订购

书款汇至出版社账号后，务必将回执单填写完整并传真至 010-68659465

中国检察出版社账户信息

户　名：中国检察出版社有限公司　　**账　号：**11050164860000000056
开户行：建设银行北京西山枫林支行　　**行　号：**105100050751

中国检察出版社各省订购负责人

盛　丹 010-86423727、18101137660（微信同号）传真 010-68659465
（北京、天津、山西、陕西、河北、黑龙江、吉林、辽宁、内蒙古、青海、山东）
董艳芬 010-86423726、18101137636（微信同号）传真 010-68659465
（河南、浙江、江苏、安徽、上海、福建、甘肃、江西、新疆、西藏）
薛建娜 010-86423728、18101137662（微信同号）传真 010-68659465
（广东、广西、海南、重庆、四川、云南、贵州、湖北、湖南、宁夏）